U0001607

MIYATA SATOSHI —— 著 林以庭 —— 譯

內向者的

好人緣

聊天術

複数人での会話がラクになる話し方

第 **7** 章

輕鬆融入每個圈，不同情境的應對方法

前言

給面對多人聊天就備受折磨的你

每當好幾個人一起聊天時，總是不敢主動發言，最後只能淪為旁聽者……

剛開始還會隨聲附和，努力想要留在小圈圈裡，但完全沒人看向自己，反而有種被疏遠的感覺……

最後連附和幾句都嫌麻煩，還得忍住不打哈欠……

「我在這裡有什麼意義嗎？唉，我想回家了。」

這本書就是用來擺脫這樣的自己。

大家好。我叫MIYATA SATOSHI，是一名傳授溝通技巧的講師。

我現在每年開設溝通技巧課程，學員人數超過一百人，課程的概念是「個性內向者也能培養出一般的對話能力」。

這種概念有點奇怪吧。之所以會開設這樣的課程，是因為我本身就是個性格內向的人，但還是很好地掌握了一般人的對話能力。

直到十年前，我都還是個表達能力很不好的人，

- 無法好好表達自己的情感。
- 對話一來一往無法超過四句。
- 不敢跟別人搭話。

非常不會聊天，也就是所謂的「社交溝通障礙」。

讀大學的時候，好不容易第一次和女生出去約會，但完全聊不起來，才見面不到一個小時，對方就回家了。

畢業後，我一直融入不了職場環境，只做八個月就逃跑了，還成了尼特族。

在那之後，我讀了很多關於對話技巧的書、上過課、做了服務業相關工作。經過兩年，雖然我的社交溝通障礙逐漸有所改善，但我內向的個性至今幾乎沒有什麼改變。我是那種休息日也喜歡一個人待著，窩在咖啡廳裡悠閒看書的人。

我覺得自己應該是全日本最內向的溝通技巧講師了，因為講師通常都是善於交際且很健談的人。

但正因為我的個性如此，所以我可以為內向的人提供最合適的對話技巧。有些身為社交溝通障礙的人才容易受挫的地方，是善於交際的講師也難以注意到的細節，而這些困難我都能從旁給予協助。這個性格就是我最大的武器。

當然，會來參加課程的學生大多是很內向的人。我每天都會聽他們傾訴各式各樣的煩惱，但其中有一種煩惱幾乎困擾著每一個人。

那就是「**不擅長多人聊天**」。

- 話題永遠不會輪到自己身上。
- 總是找不到主動說話的時機。
- 不積極參與對話，就會變成像擺設一樣的存在。

你是不是也有相同的煩惱呢？

這本罕見的多人對話攻略書，正是為了解決這樣的煩惱而存在。市面上有很多討論溝通技巧的書籍，儘管有很多人對於「多人對話」傷透腦筋，不過到目前為止卻沒有一本書詳細解釋要如何應對這種情境。

這次，我將用這本書好好告訴大家解決這個煩惱的方法。

只要一個小訣竅就能融入多人聊天

基本上，多人聊天比一對一聊天的難度還要高，從很多人都不擅長這件事就看得出來。注視自己的目光越多，說話時心裡的牴觸就越大，這是人之常情。

所以，要變得「很擅長聊天」不是件容易的事，但是「輕鬆融入不同圈子，愉快地參與聊天」是任何人都做得到的事。

訣竅就只有一個。那就是把注意力從「我」轉向「大家」。

不要去思考「我得說點什麼才行！」，而是抱著「讓大家開開心心地聊天

如同我開頭提到的，我以前是個只會在一旁強忍著不打哈欠的邊緣人。

然而，如今的我就不一樣了。就算已經離職超過三年，現在仍會被邀請參加前公司的聚會。哪怕我完全喝不了酒，還是很享受和大家聊天。

對你來說，身處這樣融洽的情境也並非不可能。

10

吧！」的想法參與對話。

如果帶著這個想法，將書中描述的技巧訣竅付諸實踐，一定能讓自己擺脫「我是個可有可無的人」的尷聊困境。

不僅如此，只要有聚會場合，周圍的人都會覺得「你一定得在場」，成為不可或缺的存在就不再只是夢想！

就像我的課程一樣，書中的對話技巧都是精心挑選過的重點，即使是害羞、孤僻的人也可以透過一點一點努力加以實踐。

就算一對一聊天都不太擅長的你，亦能做到：

❶ 作為傾聽者，愉快融入其中。

❷ 作為提問者，讓大家熱絡聊起來。

❸ 作為說話者，開開心心參與聊天。

不需要太勉強自己，也能一步步成長，提升對話技巧。

請放心地跟著做吧。

如果本書能在社交溝通上助大家一臂之力，身為作者，沒有什麼事比這個更令我高興了。

MIYATA SATOSHI

多人聊天
讓人傷腦筋的
真正原因

為什麼人一多
就會覺得很難聊天呢？

人數增加時會改變的四件事

不管是一對一還是多人，對話就是對話，要做的事情基本上不會改變。

- 說話
- 傾聽
- 提問
- 拋出話題

選項大概就是這幾個。實際寫出來發現滿簡單的，對吧。

儘管如此，本來一對一聊天還算能聊的人，一旦人數增加就會突然沉默下來。不知道該怎麼參與對話，最後只在一旁當個旁聽者。

這種聊天的難易度差距究竟是從哪裡來的呢？

為了找出答案，我們來檢視「一對一聊天」和「多人聊天」之間的區別吧。

參與對話的人數達三人以上時，會發生的變化主要有下列四種：

❶ 除了自己以外，還有其他聽眾。

❷ 潛在的說話者增加。

❸ 當自己說話時，聽眾增加。

❹ 不感興趣的話題出現頻率增加。

接下來，我們按照順序來討論這四點吧。

多人聊天時會發生的四種變化

變化 ① 除了自己以外，還有其他聽眾

即便是多人聊天，基本上也只會有一個說話者。

如果是五個人聊天，當有一人在說話的時候，剩下的四個人就是聽眾。

這種情況會出現一個問題。

那就是**很容易失去專注力**。

你有沒有過這樣的經驗呢？

16

剛開始，作為聽眾之一還會隨口附和，如果有人講了好玩有趣的事時，你會跟著大家一起笑，努力讓自己不要脫離這個對話的小圈圈。

但漸漸地，連隨口附和都變得很麻煩，甚至要拼命忍住不打哈欠……以前的我經常碰到這種狀況。

那麼，為什麼除了自己之外還有其他聽眾的話，我們就很容易失去專注力呢？

但如果是一對一聊天，就不太會發生這樣的事情。

那是因為**無論你有沒有附和，對話都會繼續進行下去**。

在一對一聊天中，你是唯一的聽眾，說話者只對著你一個人說話。但在多人聊天中，對方絕大部分的時間都是對著其他人說話。

由於多半時候對方的視線都不在你身上，久而久之難免會讓人開始覺得：

「就算我不在這裡也無所謂吧……」於是連隨口附和的動力都沒有了。

變化② 潛在的說話者增加

參與多人群聊時，許多人會覺得不能總是在一旁乾聽著，而是「必須開口說話才能參與對話」，但在多人聊天的情況下有一道障礙。

在一對一聊天中，說話的人不是對方，就是自己。所以當對方說的話告一段落，也很容易掌握時機，「那接下來就輪到我說話了。」

但到了多人聊天時，卻會忽然抓不到適合的說話時機切入。

因為除了自己之外，還有好幾個潛在的說話者。

潛在說話者增加時，內向的人就會更猶豫，「或許其他人也想說話……」或是「交給其他更會聊天的人，比較能活絡氣氛吧……」

結果就是遲遲開不了口。

變化③　當自己說話時，聽眾增加

就算這樣，有時候自己還是會努力主動開口說話，或是因為其他人一句「那你呢？」把話題拋向自己，因此得到了發言的機會。

這種時候會比一對一聊天還令人手足無措、語無倫次，我相信大家都有過類似的經驗吧。

原因就在於人的心理。

一般來說，注視自己的目光越多，越會擔心別人的看法，很難聊一些比較隱私的內容。

根據一項心理學實驗結果顯示，當人們被問到「在聊天時願意自我揭露到什麼程度」時，隨著參與對話的人數增加，願意談論個人私事的意願就會隨之降低。

舉個例子，請你現在回想一個自己很難為情的祕密。

如果非得把這件事告訴其他人的話，

- 說給一位知根知底的同事聽
- 當著所有同事的面前說出來

哪一種情況會讓人心理牴觸更大呢？

那肯定是後者。

就是這個心理關卡，使得多人對話往往會比一對一對話令人感到更困難。

變化④　不感興趣的話題出現頻率增加

和別人聊天時，有時候會出現自己不感興趣的話題。

如果這種情況發生在一對一聊天中，通常對方會隱約察覺到你對這個話題不感興趣，然後主動改變話題。

多人對話‧
閒聊時會發生的四種變化

呆站

①除了自己以外，還有其他聽眾
  無論自己有沒有出聲附和，團體對話都會繼續進行下去，容易失去專注力。

②潛在的說話者增加
  潛在說話者增加時，就會有所猶豫：「也許其他人也想說話⋯⋯」或是「交給其他更會聊天的人，比較能活絡氣氛吧⋯⋯」

③當自己說話時，聽眾增加
  注視自己的目光越多，越會擔心別人的看法，很難聊一些較為隱私的內容。

④不感興趣的話題出現頻率增加
  被迫參與自己不了解或沒興趣的話題之情況會越來越多。

但在多人對話中，只要有個人表現出興趣，這個話題就會再持續一段時間。

也就是說，**被迫參與自己不了解或沒興趣的話題之情況會越來越多**。

當然，其他成員面對的也是同樣條件，如果你是一個健談的人，在團體裡也有一定的影響力，就可以自己轉移話題：「先不說這個了，○○那件事現在怎麼樣了——」

但內向的我們並不具備這樣的能力。

到頭來，無話可說的你，只能當個旁聽者，漸漸脫離對話的小圈圈。

在掌握聊天技巧之前，先矯正主觀印象

我們已經了解對話人數增加時會產生的變化，以及令人不自在的原因。

「那不就束手無策了！」有些人可能會這麼想。

但請大家放心，只要掌握原因，就可以思考出好幾種應對方法。

我將在第3章以後詳細說明如何在多人對話中做到面面俱到，但在那之前，還有一件事情要先做。

那就是**矯正自己的觀念**。

到目前為止，我們已經了解幾種多人對話令人不自在的原因，又以其中三個主觀印象會使你的不自在感更強烈。分別是：

❶ 融入圈子的唯一方法就是多說話。

❷ 碰到不熟悉的話題，只能當旁聽者。

❸ 說出來的話一定要有趣才行。

讓我們先從拋開這些主觀印象開始做起吧。

一融入圈子的
唯一方法就是多說話

光靠說話是無法融入圈子的

第一個該拋開的主觀印象是「融入圈子的唯一方法就是多說話」。

如同我之前提到的，即使是多人對話，基本上也只會有一個說話者。有人說話的時候，其餘的人都是聽眾。

換句話說，**即使你能在多人面前輕鬆地交談，還是會花更多的時間在聽別人說話。**

搶在別人前面多多發言，或許會產生存在感，但不會給人留下什麼好印象。

就像許多溝通技巧書裡寫的，對話的基礎在於「聽」而不是「說」。無論是幾個人的對話，基本上都是一樣的。

想成功融入圈子的關鍵在於「傾聽」。

「話雖如此，但這本書不是一開始便寫明，人一多就容易失去專注力，聽別人說話會很痛苦嗎？」

因為**你還沒有成為「頭號聽眾」**。

你現在的傾聽方式確實是行不通的。

我想也有人會這麼想的吧。

聽眾一多就會產生「競爭」

在一對一聊天中，你是唯一的聽眾，說話者只對著你一個人說話，哪怕你不

太擅長傾聽。

但在多人對話時，聽眾就會增加到兩個以上。

在這種情況下，說話者並不會刻意均分時間去看著每個人的臉，**而是會花更多時間對著比較善於傾聽的人說話**，畢竟每個人都喜歡聊天時讓自己感到舒適自在的人。

被選中的人會成為「頭號聽眾」，無形中被定位在小圈圈的中心位置。

不擅長多人對話的人則會落到三號或四號聽眾。

造成這種情況的主要原因是，有些人**在傾聽的時候給出的反應和提問太少，因此逐漸失去存在感**，其他人的目光自然也就不會繼續放在這樣的人身上。

因此，**你的目標不應該是多說話，而是成為「頭號聽眾」。**

之後我會再針對方法進行說明，但首先你要牢牢記住一個事實：「如果你認為自己必須要主動說話，是因為你的傾聽技巧有所不足。」

碰到不熟悉的話題，只能當旁聽者

一旦成為旁聽者，就會脫離小圈圈

「我的興趣範圍比其他人狹隘，所以跟不上體育或明星的話題，總是只能在一旁聽著……」

我想很多人都有這樣的煩惱。

當你成為旁聽者時，隨著你的專注度逐漸下降，整個人無可避免地會散發出一種覺得無聊的氛圍，然後周圍的人可能會察覺到這一點而感到：「這個人好難

聊啊。」

於是，即便輪到下一個你可以參與的話題，也很難融入圈子裡。

如前所述，在多人對話中，聊到自己不熟悉或不感興趣的話題頻率會增加。

在這種情況下，除了成為旁聽者之外，就沒有其他選擇了嗎？

不是的。如果你已經放下了第一個主觀印象，現在就會意識到這種想法也是錯誤的。

關鍵在於提問能力

當你沒有什麼好聊的時候，就問問題吧。

即使面對你不熟悉的話題，也有方法讓你可以作為聽眾參與對話。

訣竅就是：留意說話者的人物性格，並提出問題。

比方說，聽一個喜歡釣魚的人說話時，問題不要集中在「釣魚」這件事上，而是要把焦點放在「喜歡釣魚的這個人」身上。

「垂釣的時候通常在想什麼？」

「釣到現在讓你最興奮的時刻是什麼時候？」

「是什麼契機讓你開始喜歡釣魚？」

透過這種方式，**你可以深入挖掘對方的感受、價值觀和趣聞。**把焦點放在人身上，可以帶出「這個人獨有的故事」，即使你對話題本身不感興趣，也可以聽得很開心。

透過對話的傳球，讓周圍的人參與進來

除了向說話者提問之外，還有其他方式可以參與對話。

「A給人的感覺也是室外派耶，你有釣過魚嗎？」

「B呢？你放假的時候都在做什麼呀？」

諸如此類的問句，**把話題傳球給其他人。**

負責傳接話題的角色是所有人聊天時不可或缺的存在，因為**在多人場合不敢主動開口說話的人比你想像的還要多。**

所以，如果把話題拋給其他像你一樣的旁聽者，就能把對方一起帶進圈子裡，對方肯定會很感謝你的。

請牢記這一點：「就算是不熟悉的話題，也有其他方法讓你作為聽眾參與對話」。

說出來的話一定要有趣才行

你是不是給了自己太多壓力呢？

雖然我說「傾聽比說話更重要」，但不代表要完全放棄說話這件事。

基本上，比起「聽別人說話」，人們在「自己說話」時更能感到愉悅。所以，適度開口說話可以讓你更享受對話。與其從頭到尾當一個聽眾，不如偶爾說幾句話增加存在感，你的定位也能越來越接近頭號聽眾。

然而，很多不擅長多人對話的人雖然會想著「我也說點什麼吧」，卻遲遲無

法主動開口說話。

之所以有所遲疑，是因為我們自己把「說話的門檻」設得太高了。

「我得講一些有笑點的事情才行吧？」

「如果說一些沒有新意的發言，應該會被嫌棄吧？」

你是否也被這樣的想法困住了呢？

如果這個想法太過強烈，接下來就會忍不住想……

「但是，我也講不出什麼有趣的故事……」

「那還是交給比我更會說話的人吧……」

最後閉上嘴巴，什麼也不說了。

多人對話時，注視自己的目光變多，本來就已經讓人很難開口了，如果還想

32

著「必須講點有趣的事才行」，當然會壓力大到說不出話。

首先，拋開這種主觀印象吧。

真實的你就已經很有意思了

我想大家可能都已經注意到了，世界上沒有一個人可以接二連三地拋出有趣的故事。

觀察那些你以為很會聊天的人，仔細分析他們聊天的內容，會發現八〇％以上聊的都是很稀鬆平常的日常小事。

吃了什麼、買了什麼、搭了電車、加班了、下雨了、下雪了、變熱了、變冷了……幾乎都是這些無關緊要的小事。

這樣就足夠了。對話的存在是為了讓我們了解彼此的個性，並建立關係，不需要很特別或多深入的話題。

只有一件事要多加留意。

那就是必須如實講述你自己的故事。

每個人的生活方式都截然不同。

比方說，最常見的早餐話題，也能分成很多類型的人，有喜歡吃麵包的人、喜歡吃飯的人、喜歡吃香蕉的人，還有想睡到最後一刻而選擇不吃早餐的人。

「大家早餐都吃什麼呀？我早上根本沒心力做飯，所以每天都吃玉米片，但我開始吃膩了⋯⋯」

光是這樣的開頭就很有意思，感覺會開始一段有趣的討論呢。

不會聊天的人講話很無聊，並不是因為他們講話沒有笑點。

而是他們太不願意暴露自己的事了。

就算你只是隨口提起一些日常生活中對你而言理所當然的事，其實很多時候別人反而會覺得很新奇⋯⋯「是喔，你會做這種事呀？」

不擅長聊天的人
「三大主觀印象」

①融入圈子的唯一方法就是多說話

嘰哩呱啦

這是第一個該拋棄的主觀印象。即使你懂得如何聊天，在多人對話的情況，依然有更多的時間都花在傾聽上。最重要的是成為頭號聽眾。

②碰到不熟悉的話題，只能當旁聽者

即使是不熟悉的話題，也可以作為聽眾參與對話。訣竅就是「留意說話者的人物性格並提出問題」。在聊天的過程中，向說話者問問當下的感受吧。

③說出來的話一定要有趣才行

近世進士
盡是近視

你不需要成為一個能接二連三拋出笑點的人，最重要的是「如實講述自己的故事」。通常大家會覺得不會聊天的人講話很無聊，是因為他們太不願意暴露自己的事了。

心態調整第一步：把注意力轉向其他人

聊天不順利的時候，人習慣糾結在自己身上

我們已經解決了讓你在多人對話中備感不自在的三大主觀印象。

- 融入圈子的唯一方法就是多說話
  ↓增加自己作為聽眾的存在感，自然就會成為小圈圈的中心。

- 碰到不熟悉的話題，只能當旁聽者
  ↓提問以對方為焦點的問題，或作為負責傳接話題的角色參與對話。

- 說出來的話一定要有趣才行

↓**如果能毫不保留地分享自己的事，即使是日常話題也能聊得很開心。**

綜上所述，**你無法參與多人對話的最大原因是「太專注在自己身上了」**。

「不能光是在旁邊聽，得說點什麼才行。」心裡雖然這麼想，注視自己的目光越多，就會形成越大的心理障礙而無法好好說話⋯⋯

「如果是不熟悉的話題，我就沒東西可以聊了。」最後淪為邊緣的旁聽者⋯⋯

「我應該講一些有趣的事⋯⋯」雖然心裡這麼想，但對自己的談話能力又沒有信心，不想看到別人露出覺得無聊而失望的表情，於是默默地閉上嘴⋯⋯

如果總是像這樣一直反覆想著自己要說什麼、該怎麼讓大家喜歡自己，不自在的感覺就會越來越強烈。

從「由我來說」轉為「讓大家開口聊」

如果你想被一個團體接納，就停止把心思放在自己身上，開始去關注其他成員吧。

不要一直想著「我要怎麼說話？」，而是專注在「我要怎麼讓所有人都能開心聊天？」這個方向前進。

那麼你自然就會明白，最重要的仍然是如何傾聽。作為聽眾去協助大家，讓團體內的每個人都可以愉快地聊天吧。

其實每個人都想多說話，如果你能幫助他們滿足這個欲望，大家都會對你另眼相看，非常歡迎你。

要是能透過這種方式取得「頭號聽眾」的位置，就算你說的話不多，自然而然地也會成為小圈圈的中心。

第 **2** 章

終 結 尬 聊 困 境 ，
撕 掉 「 不 會 聊 天 」
的 標 籤

「不會聊天的人」很難受歡迎的真正原因

學習好人緣聊天術前應該知道的事

不要卡在「我要怎麼說話？」的煩惱上鑽牛角尖，而是去想：「我要如何讓所有人都能開心聊天？」我在第1章說過這個觀念非常重要。

但具體該怎麼做呢？詳細的技巧會在第3章以後的章節仔細解釋。

在此之前，本章將針對因為不擅長聊天而苦惱的人，介紹幾個應該具備的心態。

先理解我現在開始要傳達的內容，再去學習方法，應該能讓你更快明白「為什麼要這麼做」。

這個觀念不僅適用於多人對話，更適用於所有對話和所有人際關係。

「但我連一對一聊天都很不自在⋯⋯」

「我已經很多年沒有交新朋友或認識對象了⋯⋯」

我想，有這些想法的人也會獲得新見解的。

──不討喜的理由：因為你是「搞不懂的人」

我認為有不少人因為不善於交談和溝通，很難跟他人建立親密的關係。

說到底，為什麼不會聊天的人很難受歡迎呢？

對於不擅長聊天的人來說，欠缺的決定性因素究竟是什麼？

豐富多彩的知識？

開朗的個性或幽默感？

能吸引對方的口才？

當然，擁有這些特質或許會更有利。但世界上有多少人能夠同時擁有這些特質呢？

不管怎麼想，大多數人都是不具備這些特質的。

上述特質就連身為溝通技巧講師的我也一個都沒有，但我仍然找到了值得信賴的朋友和夥伴。

換句話說，根本上還有其他更重要的東西。

不會聊天的人很難討人喜歡，並不是「因為不擅長說話」。

當然，也不是因為「個性內向」或「沒有幽默感」。

最根本的原因是別人把你歸類在「搞不懂的人」。

「搞不懂的人」是什麼意思呢？

更具體來說，是以下情況。

- 因為對方話太少，所以「搞不懂」他是個什麼樣的人。
- 因為對方沒有表現出個人情緒，所以「搞不懂」他在想什麼。
- 因為對方不會主動搭話，所以「搞不懂」他是否想參與對話。

對於這樣的人，你是怎麼看待的呢？

我想大多數人都會覺得這樣的人很難接近吧。

這就是不擅長聊天的人很難討喜的真正原因。

人們無法信任不了解的事物

警戒假說的心理

我再詳細解釋一下為什麼人們會和「搞不懂的人」保持距離的原理。

對於不了解的事物，人的內心會先入為主抱持負面想法，並保持警惕。

這種心理被稱為「警戒假說」。

舉一個最容易理解的例子，就是綜藝節目中經常看到的「恐怖箱」。這是一種遊戲，參加者要把手伸進箱子兩側的孔，觸摸裡面的東西並猜出正確答案。

如果事先看見是鮑魚刷或水管，可能會覺得沒什麼大不了的，但正因為不知道是什麼，才會充滿戒心，「是不是什麼危險的東西？」「該不會是蛇吧？」內心難免會因為高度警戒而疑神疑鬼，突然就變得不敢去觸碰了。

與不擅長溝通的人交談時也會發生同樣的情況。

- 話很少
  - →他是不是心情不好？有什麼事令他感到不安嗎？

- 沒有表現出情緒
  - →他是不是缺乏人類的情感？

- 不表達真實感受
  - →他是不是討厭我，所以我們之間才有一種隔閡感？

就像這樣，這些行為會給周遭的人帶來負面的成見，讓人感到焦慮不安。

人們喜歡熟悉的人和容易理解的人

相反地，人們和「熟悉的人」或「容易理解的人」在一起時，會感到舒適與安心。

比起「完全不知道來歷的人」，「非常清楚他住在哪裡、職業、興趣喜好是什麼、個性怎麼樣的人」會更讓人放心。

比起「不知道在想什麼的人」，與另一種「很容易就理解他此刻心情的人」聊起天來更沒有額外的壓力。

不受歡迎、
不討人喜歡的終極理由

因為是「搞不懂的人」

因為對方沒有表現出情緒，所以「搞不懂」他在想什麼。

因為對方不會主動搭話，所以「搞不懂」他是否想參與對話。

因為對方話太少，所以「搞不懂」他是個什麼樣的人。

警戒假說

對於不了解的事物，人類會先入為主抱持負面想法，並保持警惕。

擺脫「搞不懂的人」的標籤吧！

當然，你也沒有必要勉強自己敞開心房公開不想說出口的事，但適度表露自

我是建立人際關係的基礎。

唯有讓別人有機會了解你，對方心裡才會產生親切感。

如果你希望未來能夠享受對話的樂趣，並建立良好的人際關係，請將擺脫

「搞不懂的人」的標籤作為最重要的課題來處理。

尬聊掰掰！
別當個「搞不懂的人」

說話時要展現出人物性格

我現在是「說話者」還是「聽眾」？不管是幾個人的交談，我們一定會扮演其中一個角色。無論是哪種情況，只要銘記**不要成為一個讓別人「搞不懂的人」**，聊天就會非常順利。

當你擔任說話者的角色時，要特別留意的第一件事就是「展現出你的人物性

格」。

口才笨拙、不會聊天的人，不僅話少，就連在為數不多的發言機會裡，也只會講一些無關緊要的話。

老是談論與自己無關的事情，像是「氣象預報說今天傍晚會開始下雨哦」。

這會讓周圍的人無法掌握你的人物性格，而選擇跟你保持距離。

多聊聊關於你自己的事吧。這麼一來，即使話不多，也能給人一種親近感。

「說是這麼說，但要展現人物性格感覺就很困難……」你可能會這麼覺得，但也不必過於擔心。

比方說，如果你想表現「喜歡讀書」的人物性格，可以試試以下的說法。

● 表達「一點點心情」

（例）「當一本有趣的小說看到只剩下幾頁時，我心裡會出現『想快點看完』和『捨不得看完』兩種心情互相拉扯。」

50

- 表達「平時的行為模式」

（例）「我想在回家的路上慢慢看書，所以下班都搭各站皆停的電車。」

- 表達「喜歡的程度」

（例）「我房間裡的書架都放滿了，書都堆到地板上了。」

如果是這種程度的聊天內容，大家都能馬上做出回應的吧。

「聊這種內容就可以了嗎？」你可能會這麼想。但談論自己的主要目的是為了擺脫別人眼中「搞不懂的人」的標籤，向其他人傳達一種親近感和安心感，所以能做到這種程度就足夠了。

傾聽時好好做出回應

「既然擺脫『搞不懂的人』的標籤比較重要，就跟當聽眾沒什麼關係了吧？」或許有些人會對此感到疑惑。

但實際上，當你擔任聽眾的角色時，需要留意的重點也是放在擺脫「搞不懂的人」的標籤。

不擅長聊天的人，往往在傾聽方面有很大的問題。

那就是「反應太小」。

如果你沒做出什麼反應，會造成對方不確定你有沒有在認真聽，而開始自我懷疑：「我講的話人家是不是聽一聽就過了……」然後默默閉上嘴不再說話。

點頭、附和、好好地做出回應，都是在表示「我有認真在聽喔」的信號。

只有你給出明確易懂的信號，對方才能放心地繼續說下去。

擺脫「搞不懂的人」標籤
兩大基本聊天訣竅

①說話時
傳達「人物性格」而不是「情報」

那部電影是在演○○的故事喔！

我前陣子看一部電影看到哭耶…

別糾結在要講「不會令人反感的話」，而是多多分享你的生活、你做的事、你的想法。

②傾聽時
做出明顯易懂的反應

是喔～

讓別人覺得「搞不懂的人」的共同特徵就是反應太小。

當別人說話時，如果你沒有做出反應，對方也會很難聊下去。

〈重點〉
「好聽眾≠完全不說話」。如果只是一直聽別人說話，最後你還是會成為別人眼中「搞不懂的人」。要成為一個好聽眾，重要的是解除對方的戒心。當你是傾聽的一方時，也試著表達出自己的人物性格吧。

比起「健談的說話者」，不如成為「討喜的聽眾」

好聽眾一定會討人喜歡

如果你曾經學過一些溝通技巧，可能都聽過這麼一句話。

「好的聽眾比好的說話者更受歡迎，所以，我們的目標是成為一個好的聽眾！」

那麼，為什麼好的聽眾會受歡迎呢？

關鍵在於「渴望認同」。

人們都渴望得到認同，比如「希望別人理解自己」、「希望自己被當作重要的人對待」。

而我們下意識會喜歡可以滿足這些欲望的人。

那有什麼方法能滿足對方渴望認同的需求呢？大家不妨稍微想一想。

舉例來說，有下列幾種方式。

- 認可對方的努力。
- 設身處地地傾聽對方的抱怨和煩惱。
- 理解對方的感受和價值觀。
- 找出對方的優點，並加以稱讚。
- 就算是無聊的話題也聽得興致勃勃。

大家注意到了嗎？

這些幾乎都是「傾聽的當下就可以做得到的事」。

也正是好聽眾討人喜歡的原因。

無論是多麼有趣的事情，你也許可以暫時讓對方開心，但無法滿足他們對認同的渴望。

能做到這一點的人就是那些能感同身受、傾聽對方說話的人。

也許有人會想：「可是大家也很喜歡擅長聊天的○○呀。」但這種情況通常是那個人說話和傾聽兩樣都很擅長，而造成你的錯覺。

就算對方再怎麼健談，如果是個不聽別人說話的人，聊起天來也不會多愉快。

小心「萬年聽眾」當過頭了

既然如此，你或許會認為：「既然我不擅長說話，我就不該勉強自己說話，一直聽別人聊天不就好了嗎？」

實際上，我在書籍或網路上閱讀針對社交溝通障礙人士的建議時，經常看到「如果不擅長聊天就徹底當個聽眾」的意見。

如果你只是想熬過眼前的場合，這確實是一個做法。與那些老愛否定別人的人或長輩交談的時候，我有時也會選擇徹底當一個聽眾，不勉強自己開口。

但是，如果你想和對方建立朋友或戀人的深厚關係，聽從這個建議是很危險的事。

你試著想像一下。

你願意和一個從來不談論自己的人深入交談嗎？

你能放心地向他傾訴你的隱私和真實感受嗎？

我想應該很難吧。

就像前面所提到的，人們會對搞不懂的人抱持戒心，而對於熟悉的人則會產生親近感。

換句話說，只要你給人一種「搞不懂的人」的印象，對方就會對你產生戒心，再怎麼聊都是一些無關緊要的事。

什麼都不肯說的人是不可能成為一個真正的好聽眾。

當你啟開心房時，對方才會向你啟開心房

一個好的聽眾也可以解釋成「善於讓別人開口說話的人」。

想成為這樣的人有個條件，就是讓對方覺得：「也許我可以向這個人傾訴更私密的事情。」

為了做到這一點，在傾聽時要做出反應，或是充滿興趣地向對方提問也很重要。另一方面，**「展現出自我的人物性格，讓對方放下戒心」**亦是不可或缺的。

人際關係就像是一面鏡子。

正因為你敞開心房，對方才會放心且更願意向你敞開心房。

如此一來，對方就會比以前向你吐露更多自己的事，甚至還會覺得：「跟你聊天很開心，希望你再聽我多說一些！」

「說」和「聽」可能會給人截然相反的印象，但這兩件事本質上是相連的。

說話也是成為「好聽眾」的一種方式。

「努力做一個好聽眾」並不等於「徹底當個聽眾」。

提升好感度！
「多人聊天」的攻略指南

── 多人對話的基礎是相同的

我簡單總結，目前介紹了幾種如何改善不會聊天的「心態」。

❶ 嘴拙、不會聊天的人不討喜的根本原因是，對於人們而言，你是個「搞不懂的人」（面對一切事物，一旦有不了解的部分，人們就會抱持戒心）。

❷ 說話的訣竅在於展現你的人物性格，讓對方產生親近感。

❸ 傾聽的訣竅，在於透過反應來表達你的感想或興趣。

❹目標不在於當一個好的說話者，而是好的聽眾（＝善於讓別人開口說話）。

❺說話也是成為好聽眾的一種方式，徹底當一個聽眾是 NG 的行為（適度說話能讓對方更容易聊下去）。

以上幾點是所有對話形式通用的觀念。

當然，在多人聊天中也適用。

我想，應該有很多人是「僅限於多人數的社交溝通障礙」，一對一聊天沒有問題，但人數一增加就會不知道怎麼參與對話，為此而傷透腦筋。然而，其實基本觀念是大致相同的。

「努力擺脫『搞不懂的人』標籤，當一個善於讓別人開口說話的人」就是正確的做法。

但是，人數一增加時，仍有些部分會略有變化。

那就是「傾聽的重要性增加」。

當二號聽眾是最低標準

在多人對話中，傾聽變得更加重要。

原因就是先前所提到的，當聽眾有兩人以上的時候，就會產生競爭。

說話者並沒有辦法將目光平均地停留在每個聽眾身上，而是會花更多時間對著善於傾聽的人說話。

所以你越擅長當個好聽眾，就越容易進入小圈圈的中心。

目標是成為小團體中的頭號聽眾。起碼要擔任二號聽眾，這是最低標準。

為此，我們要放下「必須說話才能參與對話」的既定觀念。

不要一直想著「我要怎麼說話？」，而是思考「我要如何讓所有人都能開心聊天？」 這麼一來，你自然就會看到自己該做的事。

62

- 以愉快的態度傾聽。
- 做出明確的反應。
- 開口提問感到好奇的事。
- 把話題拋給旁聽者。

透過這些三行動來協助其他成員吧。

「總是當個聽眾無法參與話題，多人對話的時候就只能盡量說話。」你並不是唯一一個抱持著這種錯誤觀念的人。

其他人也總是在考慮自己要說的內容，除了自己之外還有其他聽眾在場的話，就會在傾聽時混水摸魚。

也就是說，**聽眾是一片競爭率較低的藍海，因此想要脫穎而出也出乎意料地容易。**

當大家都在摸索個人發言的時機時，如果你是在場唯一以「想讓大家聊得開心」為目標去採取行動的人，那麼你肯定很快就會拿到頭號聽眾的位置。

目標是
「至少要成為二號聽眾」

在多人對話裡「傾聽」相當重要

因為聽眾之間處於競爭關係

你該做的四件事

① 以愉快的態度傾聽

② 做出明確的反應

③ 開口提問感到好奇的事

④ 把話題拋給旁聽者

在團體聊天中，
不必勉強自己說話

一群人的聊天，說話的重要性反而會下降

在多人對話裡，說話的重要性會下降一些。

這是為什麼呢？

談論自己最主要的目的是擺脫「搞不懂的人」這個形象，來獲得別人對你的安心感與親近感。

不過，當人數一增多，就算安心感較較少也可以聊得很順利。

在一對一聊天裡，「搞不懂的人」這個標籤會直接影響對方與你交談的困難程度，但在多人聊天裡，隨著人數的增加，對方從你這裡受到的影響就會越小。

如果成員中有比較親近的人，說話者就可以用跟平時差不多的語氣說話。

此外，在多人聊天的環境中，很少會深入聊到個人隱私的內容。這是因為隨著注視自己的目光變多，人們就越不想「暴露自己的事情」。

當然，這會根據成員之間的親密程度而有所不同。例如，在大家都是初次見面的場合，就會以分享興趣、工作、出生地等個人背景或「今天怎麼會來參加？」等輕鬆的閒聊為主。

「其實我⋯⋯」這種自我揭露的話題開頭，基本上不會出現。

如果話題本身並不複雜，就沒有必要讓其他人深入了解我們的人物性格。

66

即使話不多，也可以透過做反應或提問表現出「我想和大家聊聊」、「我對你說的事很感興趣」，其他成員自然會很放心地跟你交談。

如果協助他人，發言的機會自然就會出現

當然，說話也是成為好聽眾的一種方式，所以在多人場合應該適度地主動開口。

當你想要發言時，不必忍住。

然而，如果所有成員都是初次見面，或是大家都比你年長，有時候會感到畏縮不前、無法好好說話也是難免的。

在這種情況下，你可以告訴自己「不需要勉強自己說話」，專心當一個聽眾就好了。

就算你沒有機會主動開口說話，只要是能幫助大家開開心心聊天的人，大家都是很歡迎的。遲早會有人把話題拋給你，向你提問：「那你呢？」

當一個好聽眾，輪到你當說話者的機會自然會增加。

第 3 章

好人緣必修課，
參與聊天的
傾聽技巧

養成不破壞氣氛的態度

用這種態度傾聽是NG的

從本章開始，我們將進入攻略多人對話的具體技巧與訣竅的環節。

首先，要學習的第一件事是「傾聽時的態度」。

不擅長聊天的人往往只注重「要說什麼」，但「要以什麼態度傾聽」其實也同樣重要。

當你身處多人對話的環境中時，採取的是怎樣的態度呢？

請你回想一下。

- 聽到很厭倦，面無表情。
- 沒機會說話，低下了頭。
- 覺得無聊，打開手機。

你是否會因為無法融入小圈圈就擺出這樣的態度呢？

其實，就是這種態度會令周圍的人覺得「他不想聊嗎？」「他心情不好嗎？」把氣氛弄得很難聊下去。

請記住，你的任務是「讓每個人都能聊得開開心心的」。

那要用什麼態度傾聽是最好的呢？

保持笑容看著說話的人

既然不能「面無表情低著頭」，那就反其道而行吧。

沒錯，就是「**帶著笑容看著說話的人**」。

就算話題聽起來沒那麼有趣，但營造出一種「我很享受現在這個場合」的氛圍是很重要的。

這麼一來，周圍的人自然會察覺到「這個人是想參與對話的」，你也就更容易被小圈圈所接納。

比起「搞不懂的人」，人們更喜歡「容易理解的人」。

如果你想參與對話，就用態度表達出你的心意吧。

以「微笑」作為基本表情

善用微笑營造出輕鬆交談的氛圍

隨著在場的人數越多，就越難深入談論「只能在這裡講的祕密」或「重大的個人煩惱」。

所以多人對話時，大多數時候聊的都是可以放鬆閒聊的話題，像是喜歡的旅遊地點或最近沉迷的事物。

這時候，臉部表情也別忘了放鬆一下。

聊天時的基本臉部表情是「笑容」。

不過，老是笑咪咪的似乎會讓人覺得毛骨悚然，所以嘴角微微上揚的微笑就夠了。

不僅如此，即使戴著口罩也要保持微笑。

「戴著口罩又看不到嘴角，哪有意義啊。」有的人可能會這樣想。但確實有些地方變化是很大的，那就是眼睛和聲音。

嘴角上揚的時候，眼尾就會下垂，讓你的眼神看起來更柔和。

面帶笑容時發出的聲音被稱為「笑聲」，語氣自然會變得明亮，能給人一種很愉快的印象。

當說話者講了一個笑話，或是其他聽眾做出了尖銳的吐槽時，就是該笑的時候，好好地放聲笑出來吧。這麼一來，說話的人會切身感覺到「大家覺得這個好笑！」心情因而變得更好。

如果你不確定笑的時機，在別人笑的時候跟著笑就可以了。

千萬不要小看臉部表情帶來的影響

心理學中有個著名的法則，稱為「麥拉賓法則」（The Rule of Mehrabian）。

相信很多人都聽過，但我在此簡單解釋一下。

心理學家艾伯特‧麥拉賓（Albert Mehrabian）針對「在人際溝通中，當人們表達情緒和感受時，別人會根據哪些資訊來決定印象」進行研究。

結果如下：

- 視覺訊息（外表、動作、表情、眼神）……55％
- 聽覺訊息（音量、語速、語氣）……38％
- 語言訊息（說話的內容）……7％

換句話說，**外表給人的印象影響最大**。

「說話內容只占七％？騙人的吧？」你可能對此有所懷疑，但請你仔細想

想。

當你在職場上指出後輩犯下的錯誤時，對方嘴巴上說著「謝謝你的指教」，但表情和語氣都一副很不高興的樣子，你會有什麼感覺呢？

「他根本一點都不感謝吧！」想必大多數人應該都會這麼覺得。

就像這個例子一樣，如果表情能夠傳達出真實感受的話當然很好，但問題在於面無表情而無法表達真實感受的時候。

無論你多麼享受當下的時刻，如果是面無表情，別人就很容易誤會你是不是覺得很無聊。

這麼一來，聊天就無法聊得很熱絡了吧。

因此，我會一而再，再而三地強調這一點──人們對於「搞不懂的人」是敬而遠之的。

如果你想擁有順暢的溝通，就學著用臉部表情來表達當下的感受吧。

任何人都可以擁有自然的笑容

有些人可能會說，「我討厭自己尷尬生硬的笑容，所以都盡量不笑。」其實，笑容是可以透過努力改善的。

笑容會變得僵硬，最主要原因是臉部的表情肌變疲弱了。

微笑是一種很難做出的表情，因為抬高嘴角和壓低眼尾需要運用到整張臉部肌肉。如果平時不常使用表情肌，就很難自然地笑出來。

那要怎麼做才能鍛鍊表情肌呢？

當然就是「肌肉訓練」了。

當你在家看電視或泡澡時，試著露出誇張的微笑，然後一直保持這個笑容，直到撐不下去為止。

剛開始光是維持三十秒都可能會讓你感到臉部痠痛，但如果持續練習一個

月，痠痛感應該就會逐漸減輕了。

這時，就代表你已經學會了自然的微笑。

在我深受社交溝通障礙苦惱的時期，我的表情肌非常疲弱，輕輕一笑臉頰就像要抽筋似的一顫一顫，所以我一直很討厭自己僵硬緊繃的笑容。

自從我堅持每天鍛鍊表情肌之後，現在要做出自然的微笑簡直易如反掌。

「我以前有很嚴重的社交溝通障礙，甚至連笑都不知道怎麼笑。」現在當我這麼告訴初次見面的人時，總會得到很令人高興的回應，「完全看不出來耶，你現在笑得很自然呢。」

所以請放心，即便你是不擅長微笑的人，只要經過訓練一定會有所改變。

傾聽就是做出反應，給足安全感

── 什麼樣的人算是好聽眾呢？

不擅長說話的人是不是都曾經想過「要努力當個好聽眾」呢？

但實際挑戰過後，發現一對一對話的時候對方沒有聊得很開心，人數一多又只能當個旁聽者。

「想要討人喜歡，果然還是只能成為說話有趣的人。」我想很多人都會受困於這個既定印象。

有這種想法的人可能誤解了「好聽眾」的意思。

在我開設的「傾聽技巧課程」開頭，我通常會做一個小測驗，其中有道問題將近九成的學生都會答錯。

「用一句話來形容善於傾聽的人，就是能夠傾聽並理解對方說話內容的人。」

○還是╳？

答案是╳。

理解對方說話的內容當然是必要的，但只要是用同一種語言交談，幾乎不會碰到語意不通的情況。如果有這樣的情況，那也是說話者的問題。

換句話說，**光是理解對方所說的內容是不夠的**。

如同第2章中提到的，重要的是你的反應。

簡單而言，一個好的聽眾就是「反應好的人」。

好的聽眾是反應好的人

為什麼反應很重要呢？

原因很簡單。

- 我說話的時候，不確定對方有沒有認真在聽。
- 我說話的內容，不確定對方有沒有興趣。

和這樣的人聊天，精神上是很疲憊的。

好不容易試著搭話，卻沒有得到任何反應，任何人遇到這種情況都會感到焦慮，「他真的有認真在聽嗎？還是因為不感興趣，所以才沒什麼反應？」結果可想而知，對話就會逐漸冷場。

如果是多人對話的場合，說話者就只會朝向有做出反應的其他聽眾說話。

無論你有多麼專注地傾聽對方說話，如果沒有把這份誠意傳達給對方，那就沒有意義。

努力成為一個能透過反應傳達出「我有認真在聽你說話喔」、「我現在的感受是這樣的」善意訊息的人吧。

此外，如果能做出好反應，還有另一個好處。

就算是聽別人聊天，也會很開心。

就像在心情低落時強迫自己笑一笑便能稍微改善一樣，行動具有引導情緒的力量。

所以即使是同樣的事，如果你可以在傾聽時饒有興致地做出反應，例如：

「是喔！」「這樣啊！」聊起天來會更有趣。

每個人在開心的時候都會變得很健談。

做反應的訣竅在於消除他人的不安

相反的，百無聊賴的時候連話都懶得說。

如果自己能保持心情愉快，即便是在多人場合，說起話來也會很輕鬆。

我前面提過，想成為好聽眾，做反應很重要。但問題在於「該做出什麼樣的反應」。

訣竅就是**「消除說話者的不安」**。

人們在談論自己的事情時通常會感到愉悅，但如果處於某種不安的狀態，就很難放鬆說話。而所謂的不安有以下三種：

❶ 別人會不會假裝沒聽到？

❷ 別人會不會覺得很無聊？

❸ 我的想法會不會被否定？

如果想成為一個討喜的聽眾，建議將以下幾種消除不安的回應方式牢記起來，並付諸行動。

我推薦大家使用的是「催促」、「驚訝」、「認同」這三種反應。

接下來我會按照順序一一解說。

催促型反應的訣竅

催促型反應的代表性範例

❶ 表達自己有認真在聽的附和

（例）「是啊」、「對啊」、「嗯」、「是喔」、「這樣啊」等。

【使用範例】

說話者：「對了，昨天啊。」

你：「嗯嗯。」

說話者：「我去了附近的購物中心。」

你：「是喔。」

說話者：「然後啊……」

❷ 催促對方繼續往下說的附和

【使用範例】

（例）「然後呢？」「怎麼樣？」「比如說？」等。

說話者：「今年夏天我有很多想做的事情。」

你：「這樣啊。比如說什麼樣的事呢？」

❸ 用疑問句重複對方說的話

【使用範例】

（例）「你是說○○嗎？」

說話者：「昨天發生了一件非常令人震驚的事……」

讓話題持續下去的
三種催促型反應

①表達自己有認真在聽的附和

「是啊」、「對啊」、「嗯」、「是喔」、「這樣啊」等。
催促型反應想傳達的訊息就是「我有在聽，接著往下說吧」，
讓說話者可以放心地繼續講自己的話題。

②催促對方繼續往下說的附和

今年夏天我有很多想做的
事情。

這樣啊。比如說什麼樣的事呢？ 你

③用疑問句重複對方說的話

昨天發生了一件非常令人震
驚的事……

什麼！你是說令人震驚的事嗎？ 你

POINT 對話的開頭尤其重要，
在對方發言後最好緊接著做出簡短的附和反應。

你：「什麼！你是說令人震驚的事嗎？」

催促話題繼續往下說的效果

催促對方的話題繼續往下說的行為是能傳達出令人放心的訊息，「我有在聽，接著往下說吧。」這種反應和假裝沒聽見完全相反，因此說話者可以放心地接著講自己的事。

從性質上來說，在話題開頭或鋪陳笑點的過程中，這是應該率先使用的反應。

對話的開頭尤其重要。

當說話者開始說「說到這個……」時，要馬上給予「是」或「嗯嗯」等簡短的附和。這是一個非常小的細節，但這種微小的差異就是被區分成「好聊的人」和「難聊的人」的關鍵分歧點。

驚訝型反應的訣竅

驚訝型反應的代表性範例

❶ 做出驚訝的附和

（例）「咦！」「哇！」「真的嗎？」「真的假的！」

【使用範例】

說話者：「我昨天接受了街頭採訪。」

你：「哇！」

❷ 用驚訝的語氣重複對方說的話

（例）「你是說○○嗎！」「○○喔！」

【使用範例】

說話者：「這雙球鞋溢價定價(註) 要三萬日圓耶。」

你：「三萬日圓嗎！」

對話題感到驚訝的效果

驚訝的反應傳達的訊息是：「你的話題出乎意料且令人興奮！」這樣的反應也意味著「出乎意料＝有趣」，具有消除說話者對「別人會不會覺得我很無聊⋯⋯」心中不安的效果。

也許有些人會覺得，「動不動就大驚小怪感覺很遜耶。」無論我們說什麼，有些人的態度總是一副無所謂的樣子，「嗯嗯，也是有這

90

消除説話者不安的
兩種驚訝型反應

①做出驚訝的附和

我昨天接受了街頭採訪。

哇！

你

（例）「咦！」「哇！」「真的嗎？」「真的假的！」……

②用驚訝的語氣重複對方說的話

這雙球鞋溢價定價要 3 萬日圓耶。

3 萬日圓嗎！

你

驚訝型反應傳達的訊息是：「你的話題出乎意料且令人興奮！」
這樣的反應也意味著「出乎意料＝有趣」，具有消除說話者對
「別人會不會覺得我很無聊……」心中不安的效果。

POINT 雖然是驚訝型反應，
但不需要做出誇張的過度反應。

種事。」跟這種人聊天一點意思都沒有。

就算別人覺得自己很無知也沒關係呀。哪怕只是一點小事，聽眾做出驚訝的反應，能讓說話者感覺自己像是主角，可以更自在地說話。

稍微驚訝的反應就能表達出你的感受了，只要自然不造作就好。

過度反應會給人留下「做作」（＝不知道真實想法）的負面印象。

話雖如此，也沒有必要做出過度誇張的反應。

注：溢價定價（premium price），針對高品質、稀少或有品牌的產品與服務刻意拉高價格，以提高買方的好感度。

認同型反應的訣竅

認同型反應的代表性範例

❶ 做出肯定的附和

【使用範例】

（例）「我懂！」「你說得對！」「確實！」「不錯耶！」

說話者：「這個時期都不知道衣服該穿多厚才好。」

你：「對啊，太陽下山後又會突然變冷。」

說話者：「週末我要和家人一起去泡溫泉。」

你：「是喔，很棒耶！」

❷ 認同對方的人物性格

【使用範例】

說話者：「我每天都會用手機記帳。」

你：「那你是很細心的人耶。」

（例）「你是個很○○的人呢。」

❸ 替對方說出感受

（例）「那也太○○了。」

【使用範例】

說話者：「部長昨天又逼我加班⋯⋯」

你：「哇！那也太討人厭了吧。」

讓話題持續下去的
三種認同型反應

①做出肯定的附和

（例）「我懂！」「你說得對！」「確實！」「不錯耶！」

> 這個時間都不知道衣服該穿多厚才好。

> 對啊，太陽下山後又會突然變冷。
>
> 你

②認同對方的人物性格

> 我每天都會用手機記帳。

> 那你是很細心的人耶。
>
> 你

③替對方說出感受

> 部長昨天又逼我加班……

> 哇！那也太討人厭了吧。
>
> 你

認同想法和感受的效果

每個人都害怕被否定。尤其是在初次見面的人或不熟的人（＝搞不懂的人）面前，不曉得對方是否會友善地對待自己，這會讓人變得焦慮，很難表達出自己的真實感受。

越是這種情況，我們越要率先做出正面的反應給對方。

認同對方的想法和感受可以傳達出「我很尊重你」的訊息，跟否定是完全相反的反應，這種反應具有消除焦慮並讓對方更加健談的效果。

隨著認同的反應次數增加，對方更能意識到「這個人對我很友善」，就會比以往更加敞開心房。

96

以「共感」理解他人的感受，取得信任

「我懂！」並不是共感

「要成為一個好聽眾，共感是很重要的。」

我想大家應該都聽過這樣的話吧。然而，「共感」這個詞很特殊，每個人對於這個詞也有著不同的認知。

大多數人想像中的共感可能是以下這樣的。

說話者：「星期一的早上真的很提不起勁耶。」

你：「對對對，我懂！」

的確在很多時候只要說「我懂！」，對方就會覺得「我跟這個人也許合得來」，進而產生一種親近感。

但我們不可能面對所有話題一律用「我懂！」來回應。

說話者：「我花三萬日圓買了一雙鞋，結果穿了腳超痛，昂貴的鞋子真是中看不中用。」

你的內心：「難道不是因為尺寸不合嗎……」

一來一往的對話間，這種想法上的差異會經常出現。為了成為善於共感的人，難道不惜睜眼說瞎話也要說「我懂」嗎？

當然沒有必要做到這種程度，假裝理解的行為反而有很多缺點。昧著自己的真實感受撒謊，痛苦的人也是你自己，一旦對方覺得「你只是在迎合我而已」，反而有失去信用的風險。

看到這裡，你可能會想：「那共感好像沒什麼機會派上用場耶。」

不是這樣的。**其實所謂的「我懂！」不是共感，而是一種「同感」。**

「同感」只有在自己也抱持相同意見時才能使用，但共感就不是這麼局限的東西。即使對方的想法與你完全相反，你還是可以感同身受。

這是因為「共感＝表示理解」。

用「那也太○○了」來表現出你的理解

認同型反應中，有一種反應是「替對方說出感受」，這就是共感。

以前面的例子來說，

說話者：「我花三萬日圓買了一雙鞋，結果穿了腳超痛，昂貴的鞋子真是中看不中用。」

你：「這樣啊，好不容易買了雙好鞋，實在太可惜了。」

就會像這樣。

真正的共感是透過替對方表達「你的感受是這樣的吧」或「你是這樣的人吧」，來表示你理解對方的行為。

即便你無法有所同感，如果能說句「那應該很辛苦吧」等表現出共感的話，對方就會產生「這個人懂我！」的念頭，比以往更加信任你。

面對無法同感的話題（時刻）
你可以做到將心比心的共感

「我懂！」並不是共感

「我懂！」不是共感，而是「同感」。同感只能在你與對方意見相同時使用，但即使意見觀點完全相反，也可以充分運用共感。

> 我花 3 萬日圓買了一雙鞋，結果穿了腳超痛，貴的鞋子真是中看不中用。

（糟了，完全不能理解……）

✕ 是喔……我懂……

○ 這樣啊。好不容易買了雙好鞋，實在太可惜了。

你

就算無法有所同感，只要替對方表達感受並表現出理解，對方就會覺得「這個人懂我」，比起以往更願意敞開心房。

真正的共感＝
替對方表達感受並表現出理解

掌握共感的訣竅，做到真正的善解人意

── 試著想像一下對方的感受

對於至今為止沒有共感過的人來說，剛開始可能很難清楚地表達出來。

善於共感的訣竅在於「想像對方的感受」。

「有一個包包我已經找了三個月，昨天終於在拍賣網站上找到了！」

這個時候對方會是什麼樣的心情呢？試著想像看看吧。

當你想像不太出來時，不妨回想自己有過的類似經歷，例如，好不容易抽中喜歡的藝人演唱會門票。

一旦掌握了可以用來判斷的材料，即使你不曾花好幾個月只為了找到一個心心念念的東西，也可以揣摩出這是一種無法用「高興」兩個字來形容的最高級喜悅。那麼試著轉換成語言吧。

「你的內心一定很激動吧！」就像這樣共感對方的心情。

說話者：「職場的新人老是教不會。」

你：「這實在很傷腦筋耶。」

說話者：「重要的工作終於告一段落了。」

你：「太好了，那真是鬆了一口氣呢。」

如果你能以這種方式用心理解對方的感受，作為一個善解人意的聽眾，你將獲得他人的巨大信任。

在多人數的情況下，你可以做到共感就能脫穎而出

在掌握訣竅之前，共感不是一件容易的事，所以能做好這件事的人也不多。

如果你能稍微學會一些皮毛，對於成為一個討喜的好聽眾大有幫助。

不僅是在一對一的對話，在多人對話中，這也是能讓你接近頭號聽眾寶位的強大武器。

在多人聊天時，大多數人傾向把注意力放在自己的發言上，往往會忽略傾聽的部分。也有不少人只會說「是喔」、「這樣啊」簡單附和幾句就帶過。

在這種情況下，如果你拋出一句「那很令人期待耶！」或「那真是太震驚了……」會怎麼樣呢？

掌握共感的關鍵

善於共感的訣竅在於「想像對方的感受」

職場的新人老是教不會。

那教的人應該也有問題吧。

這實在很傷腦筋耶。

你

多人對話的訣竅

在多人聊天時，大多數人會把注意力放在「自己要說的話」上。如果目標是至少要成為二號聽眾，簡單附和幾句是不夠的。在這種情況下，你可以說「那很令人期待耶！」或「那真是太震驚了……」之類的話來表達共感。收到積極反應的對方，自然就會朝著你說話了。

| POINT | 養成思考對方感受的習慣。

「對啊！然後啊……」說話者肯定會意氣昂揚地接著說下去。

當說話者開始談論個人生活的私事時，「對方現在是什麼感受？」養成在傾聽的同時也持續思考對方感受的習慣吧。

第 **4** 章

———

聊到欲罷不能！
讓聊天更愉快的
提問祕訣

提問的三大優點

用提問讓對話輕鬆延續下去

當你習慣在傾聽時做出反應後，就可以開始穿插一些問題了。

通常你問了一個問題，對方會接著談論，那你就不需要努力說話了。如果你想成為能迅速讓對話進行下去的人，這是一招非常有用的技能。其實我也是在有意識運用提問以後，才覺得這讓對話持續下去變得輕鬆許多。

當然，在多人對話中，提問也是很好用的方法。

在學習具體的訣竅之前，我們先來看看提問的優點吧。

優點① 增加自己作為聽眾的存在感

提問雖然不會講到自己的事情，但這是一個很好的發言。和那些只會附和的人相比，完全是不同層次的。提問的行動可以向周圍的人表明「我正在積極參與對話」。

當說話者要回答問題的時候，目光會轉向哪裡呢？

那當然是提出問題的人（＝你）了。

換句話說，**當你提出問題的時候，就無條件成為頭號聽眾了。**

提問的分寸拿捏得當，你的存在感就會增加，作為聽眾的排名也會向上提升。

一般而言，當說話者的目光轉移到你身上，你自然而然也能集中注意力在對話上。但在多人對話中，無論你多麼努力地做出反應，只要說話者沒有把目光放

在你身上，注意力無法集中是難免的事。

優點② 控制話題的走向

我們可以運用提問來控制話題的走向。

例如，如果有人說：「我是做服飾業的。」而你剛好也喜歡服裝時尚，就可以提問：「那今年流行什麼衣服呢？」藉此聽到最新的潮流資訊。

若是你對服裝時尚不感興趣，則可以改問：「有沒有遇過很麻煩的客人呢？」那麼，想必就會聽到一些奧客的趣聞故事。

換句話說，我們可以巧妙透過提問，把話題帶到自己感興趣的事情上。

當然，在聊天過程中強行改變話題的走向是不禮貌的，但假如已經聊到一個段落的話就沒關係。也就是說，如果好好運用提問的力量，就能夠比現在更享受對話。

優點③ 促使說話者對你的好感度提升

提出問題也能讓說話者高興。

從對方立場來看，應該很快就理解原因了。難得在說話卻沒人向自己提出問題，那肯定是有點落寞的。

「是不是對我說的話不感興趣呢……」乏人問津的聊天氣氛會讓人忍不住自我懷疑，說話的動力也會跟著下降。

「提問」這個行動會表現出聽眾對聊天內容是非常有興趣的，彷彿是在對說話者暗示：「再多講講你的事吧！」

「愛的反面不是恨，而是漠不關心。」就像德蕾莎修女的名言，誰都無法忍受沒有人對自己感興趣的情況。

提出問題並表現出很好奇的態度，可以讓你得到其他成員的好感。

隨時能輕鬆使用的「資訊提問」

——挖掘資訊的 5W1H 系列問題

「我本來是為了健康才開始慢跑，但跑著跑著就跑出樂趣來了。」

如果是你，會問這個人什麼問題呢？

「你通常是在什麼地方跑步呀？」

「你一次都跑幾公里呀？」

「你都是在幾點跑步呀？」

我想很多人都會問這一類的問題。

用這種方式挖掘情報或確認事實的問題稱為「資訊提問」。

也就是所謂的5W1H系列問題。

- When⋯何時？
- Where⋯哪裡？
- Who⋯誰？
- What⋯什麼事？
- How⋯怎麼做？

除此之外，還有這種類型的問題。

- How many⋯數量多少？
- How much⋯多少錢？

為了方便起見，我寫成5W1H系列，但因為「Why」（為什麼？）不屬於情報資訊，所以排除在外。

盡量避免無意義的資訊提問

資訊提問最大的優點在於「可以輕易做到」。

作為一個提問方（我），只要找出5W1H中缺少的東西，任何人都可以輕易做到。

而作為回答方（說話者），比起突然被問到尖銳的問題，這些簡單的問題更容易回答。

以資訊提問拿來作為對話的開頭，非常有用。

先從挖掘感興趣的情報資訊來暖場一下，是很不錯的方法。

但如果老是使用資訊性的提問，對話就很難熱絡起來。

「你什麼時候去的呀？」

「跟誰去的呀？」

「這要多少錢呀？」

這種提問根本只是在盤查而已。

我從來沒見過有人會樂意像這樣被盤查的。面對一連串的資訊提問轟炸，任誰都會懶得回答。

而且，你和其他人聽了一大堆情報資訊，也會覺得沒意思吧。

就算是要用提問來延續對話，但明顯是要拖延時間的問題只會讓氣氛逐漸冷掉。**因此，請盡可能避免無意義的提問吧。**

那麼，什麼樣的問題可以炒熱氣氛呢？

答案就是**不要關注資訊細節，而是要關注「人」**。

迅速拉近關係的「人格提問」

熟悉提問模式後，就把問題的焦點放在人物性格上

著重於對方的人物性格所提出的問題稱為「人格提問」。

「人格提問」是什麼樣的問題呢？我認為實際看過以後會更容易掌握概念，下面就以剛才關於跑步的話題為例，列舉出幾個問題。

「我本來是為了健康才開始慢跑，但跑著跑著就跑出樂趣來了。」

「什麼地方讓你覺得特別有樂趣呀？」

「慢跑持續到現在有什麼變化嗎？」

「是什麼契機讓你決定要慢跑的呢？」

「跑步的時候有在想什麼嗎？」

「那你有想過以後要挑戰馬拉松嗎？」

大家覺得如何呢？和只是確認事實的資訊提問相比，這樣的問法更能延伸話題吧。沒錯，只要是跟人有關的事情，都屬於可以投入關注的範圍，例如：

- 開始慢跑的「動機」
- 從中找到樂趣的「價值觀」
- 對方持續做這件事的過程中發生的「趣聞」

諸如此類的方向，這樣大家應該理解如何從不同角度提出問題了吧。

透過「人格提問」深入了解對方

運用「人格提問」可以挖掘出「這個人獨有的」故事，比起從頭到尾使用「資訊提問」，更能享受傾聽的樂趣。透過更深入了解說話者的人物性格，你應該會感受到比以往更強烈的親近感。

作為回答方（說話者），也會很高興大家關注的是自己這個人，而不是那些資訊相關的內容。這是因為人們天生就渴望「被關注」、「被另眼相看」。

拋出「人格提問」可以滿足這些渴望，人與人之間聊起天來會更加自在。

因此，**「人格提問」是一種可以活絡氣氛的起爆劑，是相當重要的技能。**

在對話的一開始，可以先從資訊提問問起，一旦對話進展到一定程度，時機成熟了，就能運用「人格提問」來挖掘出「這個人獨有的」故事。

118

「資訊提問」與「人格提問」

資訊提問（5W1H）＝挖掘出對方的情報資訊

優點：方便（易於使用）
缺點：過度使用會無法炒熱氣氛

何時？
在哪裡？
和誰？
什麼事？
怎麼做？

很容易想到問題，回答的人也覺得簡單又輕鬆。但要是連續問太多問題又很像在盤查。要留意盡量避免提出拖延時間的問題。

人格提問＝著重於人物性格

優點：可以熱絡對話與氣氛
缺點：不夠熟悉的話會想不到問題

著重在「人」身上的提問。你可以挖掘出這個人獨有的故事，更深入了解對方，也更容易感受到親近感。

構思「人格提問」的三個訣竅

對於至今為止只會使用資訊提問的人來說，在熟悉新的問法以前，你可能會因為想不到恰當的「人格提問」而苦惱。

比起只需要填空的５Ｗ１Ｈ資訊提問，的確有些訣竅是需要掌握的。

分別為以下三點：

① 捕捉關鍵詞
② 追溯過去
③ 激發情緒

接下來，我將按照順序一一解說。

捕捉關鍵詞

不要錯過突顯人格的關鍵字

「說到這個,上星期我和我弟一起去了迪士尼樂園。」

如果一位三十多歲的女性說出這樣的話,你會問她什麼問題呢?

順帶一提,這是我的課程班上一位女性分享的故事,現場男性學員聽了,紛紛提出:「妳搭了什麼遊樂設施呀?」「妳常常去迪士尼樂園嗎?」這類只專注

在迪士尼樂園上的問題。

迪士尼樂園的確是一個可以深入討論的關鍵字。

但你有沒有注意到這句話裡還夾雜著更多有趣的關鍵字呢？

那就是「弟弟」。

三十多歲的女性和弟弟兩個人一起去迪士尼樂園，大家不覺得是一件滿罕見的事嗎？

遇到這種情況時，我會建議大家針對這個特點深入探究，像是「和弟弟兩個人一起去嗎！你們感情很好耶。」「你和弟弟經常一起出門嗎？」等。

而且我自己也真的很好奇，於是就這麼問了。她笑著說：「只是因為我們兩個都沒什麼朋友，如果要去那些很難一個人去的地方就會叫他陪我。」

想要挖掘出對方獨有的故事，不錯過任何一個該深入談論的關鍵字是很重要

的，就像這個案例的「弟弟」一樣。

令人在意的詞語就是深入探究的關鍵

哪些詞語會成為關鍵詞呢？

● 數字（次數、個數、頻率、金額等等）
● 感受
● 名詞
● 登場人物

這幾項都是值得關注的重點。

「我本來是為了健康才開始慢跑，但跑著跑著就跑出樂趣來了。」以前面那句跑步的話題為例，這裡的關鍵字就會是「慢跑」和「有樂趣」。

對於不擅長運動的人來說，就算聽見「跑著跑著就跑出樂趣」，心裡也會覺得有點不對勁，「跑步那麼累，哪有什麼樂趣啊！」但就是這個！**不尋常的地方**＝**值得深入談論的地方**。

「跑步有那麼好玩嗎？」如果你坦率地提問，就能聽到一個對你而言完全陌生領域的故事，見識到不同的世界。

「人格提問」的訣竅

①捕捉關鍵詞

> 上星期我和我弟一起去了迪士尼樂園。

迪士尼樂園	迪士尼	弟弟	週末

從幾個關鍵字中選一個,並深入挖掘這個關鍵字。

> 和弟弟兩個人一起去嗎?你們感情很好耶!你們姐弟經常一起出門嗎?

你

> 其實只是因為我們兩個都沒什麼朋友,如果要去那種很難一個人去的地方就會叫他陪我。

留意「登場人物」、「名詞」、「感受」、「數字」等,針對你在意的重點深入詢問。

追溯過去

了解過去就會產生親近感

想挖掘出一些趣聞，就追溯過去，聽聽對方的故事吧。

「這麼做的契機是什麼呢？」是一個經典不敗的問題。

「你轉職到現在的公司是有什麼契機嗎？」

「是什麼契機讓你開始學吉他？」

「是什麼契機讓你有了想去加拿大旅行的念頭呢？」

這類型的問題適用在任何話題上，有很高機率可以聽到對方獨有的經歷與故事，是非常好發揮的問題。

另外，如果是在討論興趣或才藝，甚至可以追溯到童年：「你從小就喜歡○○嗎？」

聽到他人童年的故事，會讓你下意識地對對方產生一種親近感。

例如，試著問問你不擅長相處的上司：「你從小就喜歡棒球嗎？」

「我小學的時候總是全家人一起看電視上的棒球比賽轉播。有一次爸爸帶我到東京巨蛋看現場比賽，直到現在我都還記得當時那股激動興奮的心情。」

「哇，原來這個人有過一段這麼可愛的時期啊。」聽到這樣的分享，多少會產生這種看法吧，如此一來，你對上司的排斥也會少一些。

人生如戲，越聽越起勁

「試著對他人產生興趣吧。」

閱讀這類人際溝通技巧的書籍時，經常會發現書中寫著這樣的建議。

確實，比起對他人毫無興趣，如果對人抱有些許興趣，更有利於保持對話的進行與流暢。

說到這裡，我想很多人的內心想法應該是：「就是因為完全提不起興趣才傷腦筋啊！」

越是那樣想的人，**我越建議你去挖掘對方的過去**。

然後你就會意識到一件事。

每個人的人生都是一齣戲。

眼前的這個人，在你的人生中或許只是一個出場戲份僅有一小時的配角。

不過，對方也有自己的人生，而他（她）就是自己人生的主角。

活了幾十年的人生，其實有很多事情只能告訴特定的人，親身感受這一個事實很重要。

因為人們都喜歡聽故事。

這個世界充滿了電影、漫畫、小說，以及富有戲劇性的各種故事，由此可見，人類就是這麼喜歡具故事性的東西。

在日常對話中也是如此。

或許沒有像虛構故事般發生超級戲劇化的事件，但如果能聽到這個人獨有的小故事，相信你一定會比以往更覺得有意思。

激發情緒

人的情緒受到激發，就會開始活潑地說話

你知道人在什麼時候會突然變得很健談嗎？

那就是將積累在心裡的「感受」說出來時。

說話者：「我去買限量的甜點時，剛好買到最後一個。」

你：「最後一個！太幸運了吧！」

當你表現出共感的時候，會讓對方有些得意而想接著說下去：「真的！如果晚個一分鐘我可能就買不到了，我覺得我把整年份的運氣都用完了！」

如果想讓對方聊得開心，就試著說一些能激發他們情緒的話吧。

摸不準對方的情緒時，就問：「你當時是怎麼想的？」

那麼，摸不準對方的心情時該怎麼辦呢？

答案很簡單。直接問本人就好了。

「我在交友軟體上認識了一個男生，結果來赴約的人跟照片上的樣子根本完全不一樣！」

分享這個故事的人，你很明顯能感受到她心裡有很強烈的感觸。

但光看對方的樣子，很難判斷她的反應是單純的「吃驚」還是「被欺騙的憤怒」。

既然這樣，不妨試著問對方：「那麼，見到面的那一刻妳是什麼反應呀?」

接下來，對方肯定會開始大吐苦水，把積累在心裡的不滿一股腦兒宣洩出來⋯⋯「那當然是很失望啊。雖然我是沒有表現出來啦，但也少不了在心裡抱怨一番，把我的時間和車錢還來!」

想像他人的內心世界

在派對或研討會等初次見面的社交聚會上，對話往往只是在互相分享資訊。

A：「大家放假的時候都在做什麼呀?」

B：「我會去咖啡廳巡禮。」

C：「我是有想要出門啦，但最後還是選擇待在家裡耍廢。」

A：「是喔。我呢，因為家裡孩子都還小，週末都是跟家人一起度過的。」

B、C：「這樣啊～」

這種對話永遠不會加深友誼。

越是這種時候，越要拋出一些能激發情緒的句子。

訣竅就是**「想像對方的內心想法」**。

例如，B說：「我會去咖啡廳巡禮。」當她去咖啡廳時，是帶著什麼樣的心情呢？既然是在聊愛好，自然會是「開心」或「雀躍」這種比較正面的情緒。

「尋找下次要去的咖啡廳名單時，心裡應該超期待的吧？」

「要是發現不錯的咖啡廳，想必會相當興奮吧？」

「咖啡廳巡禮很好玩吧？」

這時，不妨試著拋出這些句子。

如此一來，對方一定會願意分享更私人的小故事，「對呀！之前我去了橫濱一間西式咖啡廳，外觀和內部裝潢都很可愛，超療癒的。」

負面情緒也能炒熱氣氛

前面是以愛好的話題為例，那如果換成工作的話題呢？要激發什麼樣的情緒才能讓對方說得很起勁呢？

你當然可以選擇激發正面情緒，像是「○○的工作很有意義吧？」

但我想更多人抱持的是負面情緒，例如「好累」、「好想休息」、「壓力好大」諸如此類的心情。

不過，很多人都會認為負面情緒是「不能告訴別人的」，所以總是自己憋在心裡。

其實越是負面的情緒，就越希望有人聽自己說。

一旦讓對方說出口，你會發現這種話題蘊藏著一股力量，比明亮正向的話題

134

深入挖掘人格提問的
「激發情緒」

人們變得更健談的時候
＝把內心深處的感受說出來時

首先想像對方的內心世界

拋出激發對方情緒的句子

「應該很○○的吧？」
「你說的是△△吧？」

就是呀～！
之前週末的時候……

讓對方能夠輕鬆地釋放出心中
壓抑已久的感受（他們想談論的事）

---

hint

Q：如果不確定對方是什麼感受呢？

A：「那當時你是怎麼想的？」
你可以直接這麼問。

更能活絡氣氛。

比方說，從事服務業的人，平時工作會需要接觸許多客人，一定都有遇過惡劣奧客的經驗。

「那你應該遇過很煩人的客人吧。」如果你拋出這麼一句，他們肯定會很激動地與你分享各種荒唐的奧客故事。

當你的問題有如導火線，引發對話熱烈討論時，那種感覺就像是聽到與自己有關的話題大受歡迎一樣，令人心情爽快。

好好提問很重要，你應該注意的細節

雖然提問是個方便的技能……

正如前面所解釋的那樣，「提問」是個非常方便的技能。

對於不擅長交談的人來說，沒有比這個更令人放心的武器了。

但如果使用不當，可能會達不到你預期的效果，甚至有被別人討厭的風險。

為了防止這種情況發生，**接下來將介紹一些要點，幫助讀者能夠最大限度發**

揮提問的效果。

提問要在對話告一段落後

說話者：「最近我加入了一個健身俱樂部……」

你：「你都做什麼類型的訓練呀？」

這個就問得太心急了。如果有人主動開啟一個話題，那他肯定有什麼話想說。也許他接下來想講的故事是：「櫃台的人一直盯著我看，結果發現那是我的高中同學。」

但如果你用提問強行改變聊天的走向，說話者可能會有點不滿，心想：「這個人都不先聽人把話說完耶。」

在話題說到一個段落之前禁止提問。

138

妥善運用三種反應認真傾聽是很重要的。

對回答做出反應，是提問者的基本禮儀

儘管已經在話題告一個段落後才提出問題，但對話並沒有變得更熱絡。這樣的人往往會有一個特徵。

那就是**「對回答的反應很薄弱」**。

當你問了一個問題，說話者也回答了以後，你是不是總是隨口回應：「這樣啊？」更嚴重的情況是：

你：「你休假的時候都在做什麼呀？」

說話者：「我喜歡看書，所以我會去書店閒晃。」

你：「除此之外還會做什麼嗎？」

有些人甚至沒有任何反應就接著問下一個問題了。

我想可能只是對對方的回答不感興趣，但對於回答的人而言，認真回答完問題卻得不到這樣的反應，任誰碰到這樣的情況，說話的動力都會大幅降低，接下來也不可能會聊得多開心。

仔細回想前面提到的，「好聽眾＝傾聽反應好的人」。

問完問題後，一定要對對方的回答表現出興趣，

「是喔！喜歡看書很好耶。」

「果然，你的形象就很適合在咖啡廳裡看書。」

請記住，這是提問者的基本禮儀。

訣竅就如同第3章裡所提到的，對於意想不到的故事做出「驚訝型反應」，可以共感的時候則以做出「認同型反應」為主。

有反應的提問才會發揮作用

- 用心聆聽並適時做出反應，直到話題告一段落。

- 對於提問的答覆要做出明確的反應。

提問只有在有反應的時候才會發揮作用。雖然問問題是一種讓對方繼續往下說的技巧，但只是提出問題並不能讓對方滔滔不絕地大聊特聊。

起碼要做到讓聽眾只要做點反應，就能順利融入對話的小圈圈。

就像打電玩遊戲時，必須使用競速破關（以不使用道具或特定限制條件進行遊戲）一樣，我們可以盡量提升反應能力，讓自己在作為一名聽眾而且「不提問」的情況下，也能愉快參與對話。

成為聊天的傳球大師

只有一部分的人聊得很開心，稱不上是好的對話

到目前為止，我主要介紹了幾個當下向說話者提問的技巧。

如果主要的說話者會不斷輪替，只要實踐前面介紹過的訣竅就足夠了。

但有時候（對方並沒有惡意）**某些健談的成員會一直霸占著說話者的角色，**

這麼一來，有些人就會像以前的你一樣，只能當個旁聽者，開始感到無聊。

只有一部分的人聊得很開心，就稱不上是一個好的對話。

而你的任務是扮演輔助者，設法讓在場的每個人都能聊得開開心心。

傳球的兩種方法

傳球的方法有兩種模式。

一、詢問其他成員對這個話題的意見

A：「我老公對我說出『妳除了煮飯就沒其他長處了』這種話！」

你：**「什麼！太過分了吧……」**

A：「對吧？所以我昨天乾脆連飯都不煮了。」

雖然很難平等分配所有人的發言比例，但還是盡可能努力讓每個人都能自在聊天吧。

因此，我希望大家能夠學會的技能是**「傳球」**。

試著問那些不怎麼說話的成員：「那你呢？」

你：「我想他現在應該在反省了啦。那B呢？如果妳老公說這種話，妳會怎麼辦？」

B：「那當然是直接離婚囉（笑）。」

二、拋出同一個話題

C：「我學生時代是田徑社的。」

你：「田徑社嗎！田徑社感覺就很操耶。」

C：「每個禮拜只能休息一天，而且幾乎每個月的六日都有比賽。」

你：「超辛苦的耶……那D有參加什麼社團嗎？」

D：「我以前是管樂社的。」

這兩種情況都只是把別人講過的話題再拋給另一個人而已，很簡單吧。

144

主動傳球的好處

「為什麼我要為其他人做到這種程度？」你可能會這麼想，但其實主動傳球也能為自己帶來很大的好處。

最大的好處就是，「不必主動說話，也能自然位於小圈圈的中心」。

傳球的角色就像是談話節目裡接待來賓的主持人。

雖然來賓發言的時間比較長，但主持人和純聽眾相比，存在感完全是天壤之別，得到的重視程度也不一樣。

傳球做得好，頭號聽眾的寶座很快就會是你的。

另一個很大的好處是，其他人會很感謝你。

比起聽別人說話，人們更樂於當說話的那一方。

這與擅不擅長聊天無關。

再怎麼嘴拙的人，比起單方面聽別人說話，若能夠適時參與對話，心裡一定會覺得更加充實。

而**傳球這個舉動就是在為別人創造說話的機會。**

對方肯定會很感謝你。

比起霸占著麥克風嘰哩呱啦說個不停的人，懂得傳球的人更討人喜歡。

讓對話和聊天
更愉快的「傳球」

「傳球」＝
讓大家開開心心聊天的「拋話題技能」

優點

①不必主動說話也能自然位於小圈圈的中心
②其他人會很感謝你

方法①詢問別人的意見／方法②向別人拋出同一個話題

A

> 我老公對我說：「妳除了煮飯就沒其他長處了呢。」

> 哇！太過分了吧。

你

A

> 對吧？所以我昨天連飯都不煮了。

> 我想他現在應該在反省了啦。那 B 呢？如果妳老公說這種話，妳會怎麼辦？

你

B

> 那當然是直接離婚囉（笑）。

POINT

透過主動傳球，
你不需要說話也能位於小圈圈的中心。

拋出問題，對方卻依然寡言怎麼辦……

確認對方是否願意說話

你：「A你喜歡什麼樣的女孩子呀？」

A：「唔……沒有什麼特別的想法……」

你：「B你是一個人住嗎？」

B：「不是……」

有時候你把話題傳球給比較安靜的成員，對方卻只會像這樣給出句點般的簡短答案。這種情況，很讓人猶豫要不要再接著問下去，對吧。

對方回答得很簡短可能有好幾個原因，但最主要的原因有兩個：

❶ 不想說話，或是沒有什麼可以聊的題材。

❷ 想說話但問題很難回答，或是一時接不住突然拋過來的話題。

如果原因是①的話，就不要太深入追問。若是原因②，只要換個問題，對方就很有可能會正常回答了。

為了分辨出是哪一種原因，我們再問一個問題吧。

如果連續幾次都只得到短短一句話的回覆，那最好把話題傳球給其他成員。

因為一問一答重複好幾次後，就會破壞整個聊天的氣氛。

或許對方只是剛好不想聊這個話題，也有可能在這個話題上，對方恰巧沒有可以拿來聊的題材而已。

等換到其他話題的時候，再試著傳球給對方吧。

況，就算氣氛沒有被炒熱，也不會有人怪罪傳球的人。

有些人可能因為不擅長聊天，所以換了話題也幾乎不怎麼說話，遇到這種情

沒有人把話題拋向自己，只能在一旁當旁聽者的疏遠感是很難受的。

只要有人願意關心一句「那你呢？」，任誰聽了都會感到很開心。

第 5 章

放心暢聊吧！
在多人聊天中
輕鬆說話的訣竅

不用忍住
「我也想講幾句」的心情

當說話者比較有意思，這點你也是一樣的

作為一名聽眾，只要願意協助大家開開心心地聊天，要打入多人對話的小圈圈並不是件難事。

但我想你也會有這樣的念頭：「我不要老是當個輔助者，我也想講幾句啊！」

當然，不需要忍住這樣的心情。

一般來說，比起聽別人說話，人們更樂於當說話的那一方。

這就是為什麼願意帶頭當聽眾的人會討人喜歡，但是「說話的時候很開心」，這點對你而言也是一樣的。如果可以適度當個說話者，你就能更加享受這場對話。

正如我在第 2 章中提到的，說話也是成為好聽眾的一種方式。

談論自己個人隱私的行為被稱作**自我揭露**，而自我揭露具有**「互惠性」**。

互惠性指的是接收到他人的善意時，也會希望給予對方同等回報的心理。

換句話說，**如果你開始聊自己的事，就可以發揮拋磚引玉的效果，讓其他成員也願意自我揭露。**

適度說話也是一種很好的輔助方式。

即使你擔任的是輔助者的角色，並不代表你必須一直傾聽。

「雖然我想主動說話，但注視自己的目光一增加，心理上就會產生抗拒而開

始猶豫不前⋯⋯」

我非常能理解這種心情，但如果能善加運用到目前為止分享的技巧訣竅，提

升自己作為聽眾的水準，自然就會有更多的發言機會。

一個好聽眾會擁有強烈存在感和極佳好感度，即便不主動開口，也會有人把

話題拋過來，問：「那你呢？」

如果你還沒有感受到明顯的變化，就回到上一章再次複習反應和提問的訣竅

吧。多實踐幾次，一定會有所成效。

在多人場合主動說話的方法

想主動開口說話，卻總是不安……

成為一個好聽眾肯定會增加你說話的機會，但最終還是取決於別人。如果這個團體都是被動消極或不體貼的人，可能遲遲都不會有人把話題拋給你。

在這種情況下，挑戰一下自己主動開口吧。

說是這麼說，對許多人而言，由自己開啟話題仍是一個不容易的挑戰。

我認為原因有以下幾種：

- 「不知道該聊什麼才好」而感到猶豫。
- 「不確定突然聊這個話題會不會很突兀」而感到不安。
- 「也許其他人也想說話」而有所顧慮。

因此，我想介紹一個方法，即便你有這些心理障礙也可以輕鬆交談。

這是你主動開口說話最簡單的方式。

「在別人講完後，自己也講同樣的話題。」

說話者：「今年的黃金週我要去箱根旅遊。」

你：**「你要去箱根喔！那很值得期待耶。」**

說話者：「是啊，其實有間美術館我一直很想去……」

（聽完整段話以後）

你：**「我啊，黃金週沒有出遠門的計畫，我打算一口氣把買了一大堆的漫畫**

156

全部看完。」

就像這樣。

如大家所見，要領和傳球是一樣的。

<mark>只不過是把傳球的對象從「別人」轉向「自己」。</mark>

如果使用這種方法，只需要延續上一個人的話題就好了，不必自己準備新的話題，也不用再擔心「現在聊這個會不會有點突兀呢……」這類煩惱。

「搞不好其他人也想發言，還是我就不要說話了……」當你有些顧慮而躊躇不前，這時只要率先傳球就可以了。

如果是四個人在聊天，你可以先讓其他三個人說話，最後再開口：「像我的情況是……」我想大家都會認真聽你說的。

在多人場合
主動說話的方法

推薦方法：「在別人講完後，自己也講同樣的話題。」

今年的黃金週我要去箱根旅遊。

你要去箱根喔！那很值得期待耶。

你

是啊。其實有間美術館我一直很想去……

我啊，黃金週沒有出遠門的計畫，我打算一口氣把買了一大堆的漫畫看完。

你

---

hint

Q：擔心有其他人想發言的時候該怎麼辦？

A：這種時候，先「傳球」出去。
最後再說「像我的情況是……」就 OK 了。

POINT 把傳球的對象從「別人」轉向「自己」

別當句點王，資訊類的內容很無聊

「資訊情報」會讓人聊不下去

為聊天對話所苦惱的人，本身話就不是很多，在少數的發言機會中也難以自我揭露。

這種類型的人在聊天的時候，常常說的都是「資訊類的內容」。

「今天很冷耶，聽說最低氣溫會降到十度以下。」

「我住在橫濱，從這裡轉乘ＪＲ大概一個小時。」

「我喜歡一部叫做《王者之聲》的電影，這部電影有獲得奧斯卡金像獎喔。」

你平時是不是也都這樣聊天呢？

分享情報當然沒有問題，但如果從頭到尾都是這樣的說話方式，不管你聊了多少，對別人來說，你仍然是個「搞不懂的人」。別人感受不到對你的親近感，聽著聽著也會開始感到無聊。

所以，多聊聊關於你自己的事吧。

行為體現性格，大方分享你的生活趣事吧

作為自我揭露的第一步，最簡單的方式就是分享自己的經歷或平時的行為。

「我超怕冷的，早上醒來起碼要花二十分鐘才能離開被窩。」

「我住在橫濱，工作地點在橫濱，買東西基本上也在橫濱解決，所以我大概半年才會去東京一次。」

「我在家看電影的時候，會把爆米花和可樂放在手邊，然後將房間弄得暗暗的，這樣感覺就像在電影院裡一樣。」

大家覺得如何呢？比起單純談論資訊類的情報，這樣聊天是不是更能流露出一些獨特的人物性格呢？

在表達自己的個性時，相較於只說一句「我很怕生」，具體說出因為怕生所做出的行為，像是「我在路上遇到認識的人，也會假裝沒有注意到對方」，更能讓人有種親近感。

類似這樣的經歷故事和行為模式才是傳達人物性格的基礎。

訣竅是「具體說出」你的經歷或行為

在聊到個人的經歷或行為的時候，盡量具體說明。

因為不夠具體的話題，也就是抽象、模糊的內容很難引起人們的興趣。

例如，如果你只說「我假日通常都待在家裡」，是很難想像出你的假日是什麼樣的，畢竟在家裡可以做的事情有很多。

想像不出來的話題是很無趣的，最後人們會想：「就算繼續聽下去也沒什麼有意思。」

即使你對自己的口條沒有信心，只要試著「具體說出來」，你的故事一定會讓人留下更好的印象。

這時，我會建議使用數字或專有名詞。

「我不喜歡人潮多的地方，所以假日通常都待在家裡。最近讀了極簡主義的書以後就迷上了斷捨離，上週我一口氣扔掉兩大袋衣服。」

在多人聊天炒熱氣氛的
「自我揭露」訣竅

「自我揭露」＝
和對方分享個人較為隱私的內容

優點

①比情報資訊類的話題更能炒熱氣氛
②對方也會更願意自我揭露
③增加親密度

訣竅：「具體說出」個人經歷和平時的行為

我很怕生。 ✕

就算在路上遇到認識的人，我也會假裝沒有注意到對方。 ◯

我假日通常都待在家裡。 ✕

我不喜歡人潮多的地方，所以假日通常都待在家裡。最近讀了極簡主義的書以後就迷上了斷捨離，上週我一口氣扔掉兩袋衣服。 ◯

POINT 加進「數字」或「專有名詞」
可以塑造出具體的形象，讓對方更感興趣。

如果你這麼說，聽眾的腦海裡就會產生具體的形象，自然而然會接續你的話題：「丟東西的時候，心裡一定很暢快。」「你想成為極簡主義者嗎？」

尤其是涉及興趣愛好時，很容易出現不合常理的數字，這通常能夠很有效引起其他人的好奇心。

「我的房間裡擺了超過一百個鋼彈模型。」當你聽見有個人這麼說時，想必一定會很好奇這個人住在什麼樣的房子吧。這就是不合常理的數字有效的原因。

聊天不必刻意搞笑，有趣比較重要

正如我在第 2 章中提到的，你說話的目的是為了擺脫「搞不懂的人」的標籤，並給周圍的人帶來安全感和親近感。

所以不需要刻意搞笑或穿插笑點。

也不用想得太難或很複雜，只要坦率地說出自己平時的行為反應和當時的想

法就可以了。

說到有趣的事情時，我們會想到「funny」（＝搞笑的）事情。

但「有趣」還有其他含義。

那就是「interesting」（＝令人感興趣的）。

對他人而言，其實你的日常生活處處都是有趣的事。

每個人的生活方式都截然不同，所以，哪怕你只是聊一些對你來說很理所當然的事，很多時候就會迅速引起別人的興趣了。

「咦！你會做那種事喔？」

舉個例子，分享幾件關於我的事。

- 我很討厭講電話，所以我想預約健康檢查或按摩店的時候，只會去那些可以線上預約的地方。

- 星期五早上第一件事就是查看手機上 UNIQLO 的 APP 最新通知（每個星期五會更新限時特價商品）。

- 跟別人碰面的時候，我會提前一個小時到達地點，再到附近的咖啡廳等候。

大家覺得如何呢？這些對我來說都是再正常不過的日常生活，但每當我聊起這些事，朋友經常覺得又驚訝又好笑。

只要分享這些瑣碎的日常生活，聊天內容就會更豐富有趣，也能和對方迅速拉近距離。

把「逗大家笑」的想法放到一邊，首先要注意的重點是：「不要過分隱藏自己，保持開放的心。」

166

談論每個人都理解的話題是基本禮儀

開一些接受度高的話題

當對話告一段落出現沉默時，試著拋出話題吧。

有些人可能會覺得「這對我來說門檻有點高」，但這是因為你先入為主的認為「拋出話題＝講有哏的事」。

除了講有哏的事以外，還有一種拋出話題的方式。

那就是拋出「連假期間去哪裡玩了嗎？」之類的問題。

這種方法不需要自己說話，因此即便是不善聊天的人也可以輕鬆運用。你完全不需要給自己「是不是該準備很多聊天的題材……」的壓力。

「選擇所有人都能參與的話題」是鐵律

那就是**「選擇在場所有人都能參與的話題」**。

在拋出話題的時候，有一個原則必須遵守。

當你和A、B、C四個人在聊天的時候，講一些只有你和A才懂的小圈圈話題是違反禮儀的。

你：**「對了，你知道D結婚了嗎？」**

A：「不知道耶！對方是個怎麼樣的人呀？」

你：「對方喔……」

像這樣在話題中提及只有部分成員才知道的人物，其他人就別無選擇，只能當個旁聽者。

如果你真的很想講小圈圈話題，請試著讓不了解的人也可以一同參與。

你：「對了，你知道D結婚了嗎？」

A：「不知道耶！」

你：「真的假的？（朝著B和C）我們大學時期的朋友裡，有個叫D的男生上個月結婚了。」

B：「是喔。」

C：「恭喜啊。」

A：「那對方是個怎麼樣的人呀？」

你：「其實啊……他太太比他大十歲耶！」

Ａ：「什麼！真的嗎！？」

你：「很令人驚訝吧。大家覺得跟比自己大十歲的人結婚怎麼樣？你們可以接受嗎？」

像這樣在對話中稍微補充說明，並把話題帶到每個人都可以參與的婚姻觀上，在場的所有人就能更容易參與對話。

提出話題的人有責任確保沒有人感到被排擠。

隨時派得上用場的
萬能話題

使用「與每個人都一致的共同點」

人們常說「把共同點當作話題」。

如果你們之間有共同的喜好或工作，延續話題相對容易許多。但大家內心的真實感受應該是：「我就是找不到共同點啊！」

人們的興趣、工作、出生地各不相同，很難找到完全重疊的背景。兩個人聊天都不一定聊得來了，多人聊天就更加絕望了。

「那不就幾乎沒機會使用共同話題了？」你可能會這麼想，但其實不是這樣的。

仔細一找就會發現每個人一致的共通點有很多。

三個最具代表性的例子是「季節、地點、社群」。

將季節性話題、活動、生活串在一起

雖然是很理所當然的事，但大家現在經歷的季節都是一樣的。絕對不會有「我在夏天，但A在冬天」這種事。

正因為是所有人的共同點，所以非常適合拿來閒聊。

當然，如果只有說「今天好熱喔」、「冬天來了呢」，對方一句「是啊」就會立刻結束掉這個話題了。

但是，若再多下一點功夫，就能巧妙變成每個人都可以參與的愉快話題。

訣竅有以下三種：

❶ 與近期即將舉行的活動連結

- 4月→「大家黃金週有計畫去哪裡嗎？」
- 11月→「你們在校慶的時候都做過什麼事呀？」

❷ 與這個時期特有的嚴峻考驗連結

- 3月→「聽說今年的花粉量很大，你們對花粉會過敏嗎？」
- 8月→「你們算是耐熱的人嗎？」

❸ 與食衣住行的變化連結

- 4月→「你們不覺得這種天氣很難穿衣服嗎？」
- 10月→「說到秋季美食，你們喜歡什麼呢？」

人們的生活與四季更迭、季節活動密切相關。只要稍微換個角度加以變化，一個季節就能提供豐富多樣的話題。

從目前位置或社群發掘人物性格

另一個肯定會有共同點的主題是「地點、社群」。

地點指的是地名或當下位置所在的店家。

比方說，聚會的地點在東京的話就以東京作為主題，如果人在麥當勞，那就以麥當勞為主題。

「你們平時會來這附近嗎？」當你提問後，如果得到的回覆是：「我不喜歡人潮多的地方，所以這次來東京應該時隔半年了。」大概就能了解對方平常的生活習性。

「你們通常多久來一次麥當勞呀？」或是換個方式作為對話開頭，然後把話題延伸到平時的飲食習慣上。

社群則是像線下聚會、課程、講座等等，把眼前的聚會當作話題。如果多數成員是初次見面的場合，大致有一些基本的提問方向：

- 以前有沒有參加過類似的聚會
- 在哪裡得知這次的聚會
- 參加的契機

諸如此類的提問，都很有助於深入挖掘每個人身上獨有的故事。

如果是課程或講座的參加者，他們前來一定是有想要解決的問題。知道彼此為同樣的煩惱所苦，無形中會產生一種惺惺相惜的同伴意識，彼此之間的距離也會比以往都來得更靠近。

多人聊天時，要坐在關鍵人物附近

坐對位置，也是一門學問

「上次聊得還滿開心的，但今天好難加入對話……」

如果你有這樣的感覺，或許是你坐錯地方了。

進行多人對話，尤其是超過六人的情況時，坐在哪裡是很重要的。

處於有利的位置會讓你更容易參與對話，反之亦然。

如果你想融入小圈圈內，就要思考一下，作為聽眾該坐哪個位置才能更好地

輔助其他人聊天。

關鍵人物附近絕對不會錯

如果要講更明確的位置，肯定是坐在團體裡的關鍵人物附近。

請把「最容易將發言接力棒傳過來的人」視為關鍵人物。

- 公司同期酒聚→最健談的人
- 講座的聯誼聚會→講師
- 歡送會→被歡送的人

大方向的概念就像這樣。

一旦確定了關鍵人物，盡可能去坐在那個人的「旁邊、對面、對面的左右兩側」位置吧（如下頁圖中的2、3、4、6、7的位置）。

① ② ③ ④

⑤ ⑥ 關鍵人物 ⑦

若是坐到其他位置，你和關鍵人物交談時就必須提高音量。如果剛好約在吵鬧的居酒屋裡，你根本聽不到對方說話的聲音，當然也無法扮演好聽眾的角色。

到頭來，你只能在大家笑的時候不知所以地跟著一起笑⋯⋯這樣的角色是很空虛的。

順帶一提，**圖中最糟糕的位置是5號**。

因為中間隔著人，你會看不到關鍵人物的臉，無論你做出多麼好的反應，他都不會把視線轉移到你身上。

在這個位置想成為頭號聽眾是非常困難的。

此外，有一些場合是所有人都初次見面，所以不清楚誰才是關鍵人物。這種情況下，要坐哪裡才好呢？

從前頁的圖片中就可以看出來，越接近角落的位置，越有可能被排除在對話之外。

如果在大家都是初次見面的場合，我會建議避開邊邊角角的位置。

我可以理解個性內向的人會傾向坐到角落，但如果你想減少被孤立的機率，在一大群人聊天時，請盡量確保靠近中間的位置。

改變現狀，
擺脫「不說話的角色」

「現在不知道怎麼聊天…」克服心魔的方法

「想太多」是道高牆，讓你止步不前……

「我也想和同事開開心心地聊天，但我無法打進小圈圈，有種被孤立的感覺……」

我想有很多人拿起這本書就是想改變這樣的現狀。

如果你將目前為止所介紹的技巧付諸實踐，應該就能打進小圈圈了。

然而，有些人可能會遇到這樣的高牆：

「就算我想挑戰看看，但我以前幾乎不會在公司聊天，突然加入對話可能會

讓人嚇一跳，所以我很猶豫……」

如果你是去交流會或研討會這種場合，大家都是初次見面，可能你還會產生「試著找人聊天」的念頭。然而，公司已經成為你日常生活的一部分了，突然要你採取一個和平時截然不同的行動，是很需要勇氣的。

「大家都不會去關注別人，所以不用放在心上。」

「第一天可能會有人講幾句，但過三天就會變成一件很普通的事了。」

我認同這樣的觀點，可是有些人即使明白這個道理，心裡還是過不了這個坎。然而，除非我們採取行動，否則現狀就不會改變，你也難以在職場上找到歸屬感。

因此，這一章將會介紹幾個方法，就算你在別人眼中「不說話的角色」已經定型了，你還是可以找到方法很輕鬆地與他人開啟對話。

像漸層色一樣慢慢改變

當你想挑戰一些新東西，難免會擔心「周圍的人可能會覺得我很怪」，於是遲遲不敢踏出那一步。

這種自我意識過剩的人想要改變現狀，基本策略就是「在合理的範圍內一點一點地去做」。

首先，大家要意識到，這不是一天兩天就能完成的事，而是要花上將近一個月才能解決的課題。

要領在於不是一下子從「紅→藍」，而是要像漸層一樣慢慢加重藍色成分，從「紅→紅紫→藍紫→藍」。

現在開始，我將分成四個步驟逐一解說。

步驟
①

親切地打招呼

問候是承認存在的證明

- 上班時的「早安」
- 下班時的「辛苦了」
- 別人委託你工作時的「我明白了」
- 反過來委託別人幫忙時的「麻煩你了」
- 獲得幫助時的「謝謝」

親切打招呼的要點

我們就從自然地表達這些問候開始吧。

你可能會想：「事到如今，換個打招呼方式有什麼用……」但問候是一種承認對方存在的證明。不互相打招呼（＝不承認彼此的存在）的關係與路上擦肩而過的陌生人沒什麼區別。你不可能突然在路上找陌生人閒聊吧。

打招呼是建立輕鬆對話的關係的第一步。

要學習如何親切地打招呼，請留意以下三點。

幾聲呢？這種打招呼方式是不會讓對方感到「自己被承認」的。

我想大多數人還是會打招呼的，但你在打招呼的時候是不是都只有低頭咕噥

❶ 面帶笑容

不用笑得很燦爛，嘴角微微上揚即可。

186

❷ 眼神對視

如果會緊張的話，看著對方的嘴角或鼻子也可以。

❸ 對方聽得見的音量

如果你說話的音調再高一點，會給人留下更好的印象。

不擅長這麼做的人，除了公司之外，在便利商店結帳時也可以對著店員練習看看。

沒人向你搭話，是因為你沒有表現出態度

如果你老是因為融入不了對話的小圈圈而苦惱，我想平時也沒什麼人會向你搭話吧。

「為什麼別人總是不跟我說話呢？」

「是因為我不擅長聊天，跟我聊天也不會開心嗎？」

這或許是原因之一，但還有其他根本原因。

說話消極被動，沒有笑容，打招呼也總是低頭咕噥……這種態度會讓人覺得「即使搭話也只會被冷淡對待」，下意識想和你保持距離。

沒有人願意被忽視或受到不友好的對待，所以人們很自然會預設立場……「如果不會有熱絡回應，打從一開始就不要上去搭話了。」

因此，如果你想要打入對話的小圈圈，就要淺顯易懂地表明自己「不會拒絕任何人」的態度。

而最簡單的方式就是「親切地打招呼」。

步驟
②

成為容易進行業務聯繫
的人

業務聯繫也能成為對話的開端

即便你不擅長閒聊，但你能毫無障礙地完成業務聯繫這些工作上的對話吧？

所以，下一個步驟就是**「成為一個可以輕鬆進行工作對話的人」**。

被定義成「不說話的角色」的人往往都是面無表情地進行對話。所以周圍的

人容易覺得「這個人不知道在想什麼」、「這個人很像沒有感情的機器人」。

就算是枯燥乏味的工作對話，對話就是對話。要是稍微增添一些人物性格，別人就有機會跟你閒聊到工作以外的話題。

最重要的還是反應

想在業務聯繫上輕鬆增添鮮明的人物性格，請多多使用第3章介紹的三種反應（催促、驚訝、認同）。

比方說，附和的時候說「咦！」就能傳達出你驚訝的心情。附和的時候說「我懂！」可以傳達出你認同的心情。

運用這三種反應，就可以輕鬆表達出最具人情味的「心情」。

壞例子

對方：「這樣做起來更輕鬆喔。」

你：「喔，好的。」

好例子

←

對方：「這樣做起來更輕鬆喔。」

你：「原來如此！真是個好方法。」

壞例子

←

對方：「請盡量在今天完成這項工作。」

你：「我明白了。」

好例子

←

對方：「請盡量在今天完成這項工作。」

你：「咦，今天嗎！那我努力趕趕看。」

我們可以像這樣透過反應來表達自己內心的感受。

此外，當對方吐露心聲時，不要錯過這些訊號，適時給予回應也很有效。

壞例子

對方：「現在我要去見一個有點麻煩的客戶。」

你：「是喔。」

←

好例子

對方：「現在我要去見一個有點麻煩的客戶。」

你：「唉！那真是有點鬱悶啊。」

透過這種方式交流心情，久而久之，對方就會覺得你比以前好聊了，慢慢地也會開始有人在業務聯繫時順便和你閒聊幾句。

實際上，我收到不少學員的正面回報，像是「開始留意要做反應以後，我和主管閒聊的次數就增加了」、「同事約我一起去吃午餐了」等等。

192

步驟
③

自己主動搭話

——試著找容易搭話的人交談

當你習慣用反應來表達自己的感受以後，就可以試著向周圍的人搭話了。

首先，只要是容易搭話的人就行。 檢視至今為止有拋過話題給你的人、總是笑咪咪又親切的人，從中選一個能讓你自在聊天的對象。

請從上一章介紹的話題中選擇一個話題拋給對方。

- 季節

（例）「盂蘭盆節期間，你們有打算要去哪裡玩嗎？」

「氣象預報說下週會下雪，希望電車不要停駛。」

- 社群內的事件

（例）「對了，聽說○○要轉職了耶。」

「今年會來幾個應屆畢業生呢？」

- 簡易諮詢

（例）「你平時都是在哪裡買西裝的呀？有推薦的店家可以介紹給我嗎？」

「我因為社交溝通障礙很苦惱，你跟別人聊天時會特別留意什麼事嗎？」

如果你要和沒怎麼說過話的人聊天，就不需要特殊的話題。

試試這些輕鬆的話題，建立一段可以毫無負擔地閒聊的關係吧。

為了擺脫「不好聊」的標籤，必須持續行動

「擔心會妨礙到對方工作，所以找不到搭話的時機……」面對職場人際關係，你可能多少有這種煩惱。

這種時候，**請盡量找一個百分之百可以聊天的時段，像是午休、咖啡時間或通勤時間等等。**

不僅如此，**想要擺脫不說話的角色，光靠一次的行動是不夠的。**

持續採取行動是很重要的，試著制定個人目標，像是「每天至少主動搭話一次」，如果有完成就在日誌上做記號，像打電玩遊戲一樣不斷挑戰。

我也建議大家花些心思，想一些能鼓勵自己堅持下去的方法，例如：「如果週一到週五都有達成目標，回家的路上就可以買喜歡的甜點犒賞自己。」

日復一日持續下去，或許就會有人發現你的變化：「你最近話變多了耶。」

這時，你可以坦率地說出：「其實我想要改善我的社交溝通障礙，現在正在努力學習溝通的技巧。」

當對方知道你正在努力克服自己的弱點，會更容易接納你。

設定鮮明特質，取代「不說話的角色」

好理解的角色更容易相處

接下來，我將介紹一個讓你能在公司等各種社群團體中擁有歸屬的絕佳方法。

那就是「當一個好理解的角色」。

溫順的人是不顯眼的存在，所以往往會被誤以為沒有自己的脾氣個性。只要是人，怎麼可能沒有個性，純粹是溝通交流太少，所以人們沒有注意到而已。

被誤以為沒有個性的缺點：

- 別人不記得你的長相或名字。
- 別人對你不感興趣。
- 不知道你對什麼話題感興趣，所以很難搭話。

這些都會導致人際關係出現問題。

藉由讓別人認知到「你＝○○」這個易於理解的特徵，就可以輕易消除上述缺點。

塑造「喜愛○○」的角色

一提到角色，大家可能會聯想到「被欺負的角色」、「毒舌角色」、「傲嬌角色」等個性十足的元素。

但人格特質是其他人根據你平時的行為去判斷的。就算你自己認為「我是○○的角色」，並試著做出符合形象的行為，但也有可能和周圍的人對你抱持的印象有所差距，這時反而會讓別人很錯愕，納悶：「這個人幹嘛突然這樣？」所以我不建議這麼做。

讓角色滲透人心的兩種方法

要讓「喜歡○○的角色」順利滲透人心，主要有兩種方法。

任何人都可以輕鬆塑造的是「喜歡○○的角色」，你可以是「喜歡吃東西的角色」、「喜歡看漫畫的角色」、「喜歡時尚的角色」。

只要坦率地表現出自己最喜歡的東西，就能獲得這樣的角色。

第一種方法是，講述一段關於你最喜歡的事物之相關趣事。

- 喜歡漫畫的角色↓「我家裡有超過一千本的漫畫，書櫃都裝不下了。」
- 喜歡時尚的角色↓「一領到薪水，我就會去喜歡的品牌店衝動消費。」

第二種方法是，用日常的言行舉止來表現。

- 喜歡迪士尼的角色↓從手機殼到配件小物都是迪士尼。
- 喜歡吃東西的角色↓如果在居酒屋聚餐，烤雞肉串只剩最後一串的時候，一定會問所有人：「我可以吃嗎？」

在角色固定下來之前，「重複」是一件很重要的事。

如果只做一次，很快就會被遺忘，所以要找到展現角色特質的機會，一遍又一遍地去做。

像我很喜歡唐揚雞塊，每次在酒桌上被問到「有沒有想吃什麼？」，我連菜單都不看就會喊：「唐揚雞塊！」

不知道是不是因為這樣，久而久之，我的形象就變成了「喜歡唐揚雞塊的角色」，以前在公司除了大家的唐揚雞塊以外，就算我什麼都沒有說，同事還是會幫我點一份「MIYATA專用的唐揚雞塊」（當然，我一個人吃不完）。

這個也是重複做同樣的事才固定下來的角色。

一旦確立了你的角色，周圍的人就知道怎麼和你相處，明白「什麼樣的話題能吸引你說話」，相處起來就容易多了。

此外，一旦有了自己的角色，身邊的人便會預測你「這個人可能會採取○○的言行舉止」。

例如，如果是「喜歡吃東西的角色」，一起去牛丼店吃午餐的時候，同行友人就會預測：「感覺這個人一定會點特大碗。」

而當你如預期採取行動時（點特大碗），驗證想法的人們心中便會想著：「果然很像這傢伙的行事風格。」

而這種感覺會拉近人們對你的親近感。

「不說話的角色」
也能自在找人閒聊的訣竅

步驟①親切地打招呼

打招呼是建立輕鬆對話的關係的第一步。留意要「揚起嘴角，笑著打招呼」、「眼神對視」、「拉高音調」等等。

步驟②成為容易進行業務聯繫的人

成為可以輕鬆進行工作對話的人。使用三種反應（催促、驚訝、認同），讓對話的進行更順利。

步驟③自己主動搭話

首先，試著找容易搭話的人進行對話練習，或聊些無關緊要的事吧。運用萬能話題（季節、地點、社群）看準時機主動向對方搭話吧。

步驟④設定鮮明特質，取代「不說話的角色」

建議塑造出一個「喜歡○○的角色」。聊聊你所喜愛的事物之相關趣事，或是把隨身物品統一成喜歡的東西。

POINT 對於塑造新角色來說，「持續」和「重複」很重要。

內向者一旦順利融入，最自然的模樣也能被接納

「內向角色」和「不說話角色」既相似又不同

我提過，要擁有一個個性十足的角色是很困難的，所以我希望以往被別人定義成「不說話的角色」的人可以取得另一種角色。

那就是「內向角色」。

「這跟不說話的角色有什麼差別嗎？」

可能有人會有這樣的疑問，但它們之間存在著決定性的差異。

那就是明確表現出「我想和大家好好相處」的立場。

當你被當作是不說話的角色時，大家一定都知道你是個內向的人，本來就不善於與人交往。但另一種情況是，大家不清楚你是「不擅長社交，所以才不想和人打交道」，還是「雖然不擅長，但我想跟大家好好相處」，所以才會和你保持距離。

我得不斷重複這一點，不善於溝通的人很難討人喜歡的原因，既不是「不會說話」也不是「個性內向」。

而是因為人際互動的溝通量太少，人們認為你是「搞不懂的人」。

「我很安靜，不擅長與人交往，但我想和這裡的每個人和睦相處！」

因為這份心情看不見也摸不著，這才是你至今為止在小圈圈中沒有立足之地的最大原因。

獲得內向角色的方法

前面介紹了兩種讓角色滲透人心的方法。

一種方法是**講述一段跟你喜愛事物相關的趣事讓人留下印象**。

另一種方法是**用日常的言行舉止來表現**。

如果你是個內向的人，還試圖用平時的行動來表現的話，更有可能讓人覺得你是「沉默寡言又難以親近的人」，所以請用言語來表達吧。

直接告訴大家你有多內向。

我會建議你分享一些遺憾的小故事，像是「有點搞笑的失敗經驗」或「有點丟人的日常生活插曲」。

「我整個週末都窩在家裡，唯一見面的人是送貨員。六日兩天加起來，我說話的時間連一分鐘都沒超過。」

「在前往目標店家的路上迷路了，我不敢問別人，只能跟地圖程式大眼瞪

小眼，試圖靠自己努力找出答案。如果還是找不到，我就會放棄行程，乾脆回家。」

這類型的故事很容易引人發笑，如果你能表現得夠好，大受歡迎不再只是夢想。套用在平時的對話裡也是一樣。

- 「你有去過酒店嗎？」如果遇到這種問題你就可以回答，**「沒有啊。對怕生的人來說，要跟初次見面的女生聊天根本就是折磨。」**

- 「受到疫情影響，現在很難跟朋友碰面了。」當對方開啟話題時，也能坦率接話，**「是啊。不過就算沒有疫情，也很少人約我出去。」**

即使你的回應像個內向的人，你的角色個性也會脫穎而出。

需要記住的一件事是，說話時不要流露出悲傷的感覺。

要是你用暗淡的語調說話，聽眾會有所顧慮而笑不出來，就無法和他們變得

206

親近。

用輕鬆的語調說話，好像整件事根本沒什麼大不了的。如果事情嚴重到無法輕描淡寫帶過，那就不必強迫自己說出這件事。

在角色固定下來之前，重複是必要的。現在就開始回想、收集一些日常生活中因為個性內向而發生的小故事吧。一定馬上就能找到。因為個性內向的人遇到需要克服的艱難場面，通常都是在與人互動的時候。

生活在社會裡，就是要不斷地與人互動。這也是為什麼內向者會一直遭遇困難，但反過來說，想尋找這方面的素材故事時，完全不用擔心沒有東西可以講。

如果不能和別人好好溝通交流，會感到沮喪也是很自然的。越是這種情況，越是要把這些經驗回收再利用，當作未來聊天的題材。

想在職場找到歸屬感，就要成為有用戰力

老是扯後腿的人很難被接納

對於那些想要在職場創造歸屬感的人，我想要給最後一點建議。雖然是很理所當然的事。

成為職場上的有用戰力。

職場的人際關係並不是一群好朋友的聚集地。

能夠開開心心聊天會更容易找到歸屬感，這一點是毫無疑問的，但這群人聚集在一起都只是為了工作。

所以，如果你總是在重要工作上扯後腿的話，就很難被別人接納。

我以前曾經在一間鞋店打工，後來任職的門市中途歇業了，我就被調到了新門市。

新門市的工作人員都是新人，當然會有很多不明白的地方。而且門市剛開業，店長總是忙得不可開交。

於是，大家一有問題都會跑來問我這個有經驗的人。因為我總是心平氣和地回應他們，自然而然地獲得了「可靠的領導者」地位，也得到了一個舒適的工作環境。

即使我離職了，直到現在店裡的酒聚還是會邀請我去同樂。

只要獲得「這個人值得信賴」、「這個人很好用」的認可，就越有可能受到善意地接納。

建議未來計畫要到新職場工作的人，要努力盡快熟悉工作，成為能夠獨當一面的人。

發展出個人強項，就會成為交流的契機

一旦掌握了工作的基礎知識，就試著發展一個個人的強項吧。

- 最懂電腦知識的人
- 最會操作 Excel 的強者
- 製作的資料最好讀易懂

類似這種專業，只要是關於個人工作上的事，再小的事都可以加以發揮成你

的專長項目。

以我個人而言，自從在鞋店工作後，我就利用自己有條不紊的個性，把賣場的庫存整理得比任何工作人員都還要整齊。

結果就是，店長滿意地對我表示認可說：「說到布置賣場，那肯定非MIYATA莫屬了！」交付我去負責規模大於其他人的銷售賣場。

即使你從事的是銷售或業務，也不代表只有營業額第一名才有價值。

發展一個會讓人們說「你＝○○專家」的專業領域吧。利用這個優勢來幫助周圍的人。

一旦你的強項被認可，別人就會跑來問你：「○○，教我怎麼做！」「○○遇到這種情況會怎麼辦？」對話的次數自然就會增加了。

第 **7** 章

輕鬆融入每個圈，
不同情境
的應對方法

聊到自己不了解
或沒興趣的話題時

不必勉強自己參與不了解的話題

在最後一章中，我會列舉出多人對話中容易感到困擾的情境，並提供應對的方法。

在多人對話的群聊中，即使開啟了一個你不擅長的話題，只要有其他人接話，這個話題就會持續一段時間。

也就是說，和一對一對話相比，被迫參與自己不了解或沒興趣的話題的情況

會越來越多。

大家可能會很苦惱在這種情況下該怎麼參與對話。

首先，是遇到完全不懂的話題時，你可以運用的應對方法。

「對了，聽說A公司的○○辭職了耶。」像這樣突然冒出一個你從未見過的人名時。

「我週末要去看○○的演唱會呢。」或是跑出一個從未聽說過的陌生搖滾樂團話題。

如果當下的氛圍是可以問「那個樂團很有名嗎？」之類的問題，就盡管問吧。掌握的資訊越多，參與對話就相對容易。

但有時候也會覺得，「冒然問問題打斷別人的對話也不太好……」這種時候就不需要勉強自己參與對話。

沒有人可以跟上所有話題，不用因為跟不上話題就覺得難為情。

即便如此，也不要明顯擺出一副無聊的表情或是一直玩手機。

如果給人留下了「感覺你是個性很差的人」的印象，就算轉移到其他話題，你一樣很難參與對話。

- 在大家笑的時間點跟著一起笑。
- 點頭、附和，做出輕微的回應。
- 面帶微笑地看著說話者。

融為一體。

就算跟不上話題，也要留意傾聽的原則，當個稱職的好聽眾，並與現場氛圍

碰到不感興趣的話題，就把注意力集中在人身上

接下來是如何應對你不感興趣的話題。

棒球、足球、露營、釣魚、衣服、動漫……我想每個人都有一些不感興趣的事物，對於這類型的話題稍微有粗淺的了解，但沒興趣深究。

比起一無所知的話題，如果你有簡單概念，參與對話會相對容易。

基本上，建議你還是以聽眾的身分參與對話，並在傾聽別人說話時留意面帶微笑或適當做出反應。

這時候推薦大家做的事是「提問」。

如果你善於問問題，就算是不感興趣的話題也能聽得津津有味。

訣竅正如我在第 4 章中提到的，我們應該要**把焦點放在「說話者的人物性格」**，而不是資訊本身。

比方說，你對職棒毫無興趣，但熱愛棒球的上司卻分享了他去球場看比賽的故事。在這種情況下，重點已經不是棒球了，而是要針對「到球場看棒球比賽看

得很開心的上司」去思考提問。

- 「看比賽最讓人興奮的瞬間是什麼時候？」
- 「看直播和現場觀賽的感覺是天差地遠吧？」
- 「支持的球隊贏下比賽的日子，酒喝起來一定特別暢快吧？」

透過這種方式，你可以多問一些對方的感受或趣聞。

把焦點放在人身上，可以帶出「這個人獨有的故事」，即使你對話題本身不感興趣，也能聽得很開心。

就算你對話題本身一點興趣都沒有，也可以從中充分感受到吸引對方的魅力和樂趣。

暫時將你的價值觀和喜好放在一邊，把好奇心和興趣放在「這件事為什麼讓○○這個人如此著迷？」就好。

如果你不感興趣，就談談「為什麼我不感興趣」

即使你對電影不感興趣，別人可能也會拋話題給你，「你看電影嗎？」

在這種情況下，你是不是老是簡短回答：「沒有，不太看⋯⋯」一兩句就含糊其辭帶過呢？請注意，這樣簡短的回答可能會讓拋出話題的人有種被拒絕的感覺。

「我就沒什麼東西可以聊啊。」你可能會這麼想。但其實不感興趣的話題也是可以拿來聊的。

那就是，**自我揭露「為什麼我不感興趣」和「我不擅長〇〇事」**。

● 因為我不認識任何明星。
● 因為沒有人跟我一起去。
● 因為不想花錢買將近兩千日圓的電影票。
● 因為要持續坐兩個小時很痛苦。

這些不看電影的原因都是關於你這個人的好題材。

「以前我曾跟朋友說不知道阿部寬長什麼樣子，結果對方很傻眼。」之類的，你大可以分享一些趣事來展現自己的個性。

不過，有一點需要注意的是，**以「電影很無聊」的否定態度說話是ＮＧ的。**

「我不是很喜歡○○……那你可以跟我分享什麼地方這麼吸引你嗎？」我們應該以這種正向的態度進行對話。

請記住，**自我揭露的目的是要深掘對方的故事，並加深你對他的理解。**

中途參與聊天時

先掌握情勢，並和成員站在同一立場

中途加入正聊得開心的小圈圈，我想大家最常碰到的情況就是從廁所回來或遲到的時候。

在這種時候，很多人可能會猶豫不決，心想：「晚到還強行加入對話，會不會太厚臉皮呢……」想來想去，最後只好默默當一個旁聽者。

當你中途加入對話時，你要做的第一件事就是和其他成員站在同一立場。為此，要先從了解話題走向開始。

如果話題已經進行到一段時間了，剛開始可能沒辦法馬上確定主題或主要說話者是誰。

最快的方式是直接問：「你們在聊什麼？」但能毫無困難地做到這一點的人應該也不會看這本書了。所以，首先我們要認真當一個聽眾，觀察並掌握對話的進行情況。

訣竅當然就是饒有興致地聆聽，積極表現出「我也想參與對話」的態度。

一旦摸清楚話題的主軸後，在大家聊到一個段落的時候就可以適時詢問：

「你們是在聊○○嗎？」

比方說，這樣的情況。

222

A：「考慮到便利性，就算房租稍微高一點，還是吉祥寺比較好吧。」

B：「嗯，確實如此。」

（幾秒鐘的空白）

你：「你們在聊搬家的事嗎？」

然後，其中一個人就會簡明扼要地解釋情況：「對啊，A說他要搬出去自己住。」

順著這樣的對話走向，可能會有人問你：「對了，○○，你現在是一個人住嗎？」

像這樣使用簡單的一句「是在聊○○嗎？」，就能輕鬆加入對話的小圈圈。

不要錯過轉換話題的時機

如果你無法順利融入對話也不用太擔心，因為很少有人會一直在同樣的話題

聊上幾十分鐘的。

遲早會轉換到其他話題。

而**轉換話題的時間點就是你加入小圈圈的最佳時機。**

話題轉換以後，所有人的起點都是一樣的，內向的人可以用提問或自我揭露的方式來降低發言的門檻。

為此，從上一個話題開始就要主動率先做出反應。

我相信大家都有過這樣的經驗，如果你長時間保持沉默一直沒有做出反應的話，你就會變得越來越不願意說話，最後連發言都覺得懶。

一定要先暖暖身（確切來說是暖暖嘴），這樣當機會出現的時候，你才能順利加入話題。

當團體氛圍過度亢奮時

理想的情況是融入氛圍

如果你個性很內向，當整個團體都呈現過度活潑的亢奮狀態時，你可能會倒退一步心想：「我跟不上他們的情緒……」在這種情況下，該如何進行對話呢？

人們會對和自己相似的人抱有親近感，所以理想情況下，能配合周圍同伴的情緒是最好的。

但這也是有最低限度的。

要做到同步。

- 聊到歡樂愉快的話題時，大家笑得開心，你也要露出笑容。
- 說話者說了一個很有梗的笑話，眾人一笑，你也要跟著笑起來。

如果至少能做到這兩點，就可以在不破壞現場的氛圍下順利融入其中。

如果你所在的團體非常活潑，不管你怎麼努力都跟不上的話，起碼臉部表情

想維持一段長期的關係，最好堅持做自己

「配合度很低的人」。

如果你處於職場或學校這種需要長時間交往的群體中，我建議你堅持當一個

只有一天的話，也許你還能表現出熱絡的感覺，但如果每天都要這麼做是很

累人的。而且肯定會整日擔憂一直想著：「萬一大家發現真實的我，一定會很討厭我。」長期下來，壓力是很大的。

如果你想要「擁有自在的社交環境」，做最真實的自己是必要條件。

一直隱藏真實的自我，你永遠得不到一個可以保持自己最自然模樣的環境。

具體方法如第 6 章所介紹的。透過分享一些能表現個人特質的趣事與發言，讓「內向角色」的形象固定下來吧。

配合度高的人們最喜歡聽有趣的故事了。

「如果在街上看到認識的人，我會假裝沒看到然後去走岔路。就算是在超近距離發現對方，我也會條件反射地把頭轉開。」

「即使送來的餐點不是我點的，我也不會跟店員說。假如我點了一杯冰咖

啡，結果送來一杯冰紅茶，我就會告訴自己：『我剛好想喝冰紅茶了，來得正好。』」

「我不喜歡被服務，如果一家店裡面沒有半個客人，我就不會走進去。或是隔一段時間再回來，萬一店裡還是沒有其他客人，我寧願放棄行程，直接回家。」

像這樣分享一些令人會心一笑的小故事，別人就會重新改寫對你這個人的印象，「這個人雖然配合度不高，但是個有趣的人」、「看來他沒有在迴避和我們互動」。即使你只是保持平時的自己，也會被善意地接納。

保留一些和內向性格相關的失敗經歷，或可以笑著自嘲的故事是很好用的。 平時如果發生類似的事情，請養成習慣記錄在手機的備忘錄或日記應用程式中吧。

當成員都比自己年長時

目標是擁有備受疼愛的地位

前輩、主管、年紀大的客人……等等，要和比自己年長的人交談很緊張吧。

在我還有社交溝通障礙的學生時期，從來沒有做過「向老師尋問不懂的地方」或是「和社團的學長們閒聊」這些事。

更不要說是在多人群聊中每個成員都比自己年長的情境，不少人可能會像洋娃娃一樣呆坐在一旁不知所措。

至於如何應對這種情況呢？你不必急著以擔任主持人（提供話題或傳球）為目標。如果出言不遜的話，反而有可能會被視為傲慢的傢伙，所以把對話的舵交給長輩吧。

和年長的人交談，最重要的是表現出謙虛的姿態，並受到長輩們疼愛。

- 不用顧慮，直接開口問好奇的事。
- 積極使用驚訝型反應「哇——！」「太厲害了吧！」等等。

作為聽眾，我們的任務就是好好表現出對話題的興趣，以及對長輩的尊敬。

尤其是他們開始提當年勇或辛苦經歷時，就是最好的機會。

如果你積極專注地聆聽，採取「受益良多！」的態度，說話者渴望認同的需求被滿足後，就會聊得很開心。

230

稍微諮詢一下，前輩就會熱情活潑地說個不停

當你也想開啟話題時，別客氣，拋出來諮詢吧。

工作方面的疑問、人際關係的煩惱、人生諮詢自然不在話下，例如「你知道有間好吃的店叫○○嗎？」這種簡單的問題也很好。

人們基本上都希望受到「比自己年輕的後輩仰慕」，對方願意依靠自己、找自己諮詢，沒有人會覺得不開心的。

「可以給我一點建議嗎？」當你帶著問題前來諮詢，對方一定會很樂意與你分享的。

另外，**我也很推薦另一種方法，點出對方的優點並詢問：「怎麼做才能變得像你們這樣呢？」**

- 問問銷售成績最高的前輩：「我要怎麼做，才能像前輩一樣受到顧客的信賴呢？」

- 問問善於解說的主管：「該怎麼練習，才能像課長一樣有條有理地說明？」

- 問問時尚的年長朋友：「你怎麼把衣服穿得這麼有品味的？」

這個方法的優點是**有稱讚對方的效果**。

就像是在說：「你的這一點很優秀，可以把祕訣告訴我嗎？」人被問到這樣的問題，怎麼可能會不高興呢。

有些人可能會覺得稱讚別人很羞恥，或是因為像在奉承別人而感到抗拒，但這種方法並不是直接讚美，所以大家使用起來應該都不會太反感。

剛加入內部已經建立關係的團體時

話題輪到你身上時，就展示出你的角色

- 朋友帶你認識他的朋友圈
- 第一次參加課程或社團活動
- 剛開始兼職或換新工作

上述這些場合，除了自己以外，其他成員都已經互相非常熟悉。當他們互相

調侃並表現出關係很要好時，難免會讓人感到「無法融入⋯⋯」而有所退縮。

在這種情況下，我們要怎麼做才能打進小圓圈呢？

開啟話題或積極主動發言，我覺得做這些突顯自己的事是很困難的，所以沒必要強迫自己去做。

首先，根據理論我們先以做出反應為主，扮演好聽眾的角色。

不用擔心，稍微等一等，就會有其他成員會來搭話的。

「你酒量好嗎？」

「你是做什麼工作的呀？」

「你住在哪裡？」

「放假的時候都在做什麼呀？」

「你怎麼會想來參加這個活動？」

只要你是新來的，一定會被問這些像是個人簡歷的問題。

被問到問題時，以「回答＋自我揭露」的方式回答

這時就是大好機會。為了讓成員更進一步認識你，主動自我揭露吧。

A：「你放假的時候都在做什麼呀？」

你：「在家看看影片之類的……」

B：「那你怎麼會想到要來上烹飪課呀？」

你：「我覺得學會做料理應該比較好吧……」

這種一問一答的對話很快就會結束，也無法傳達出你的人物形象。

被問問題的時候就是最佳的自我揭露機會。大家都在認真聽你說話了，只有回答問題就太可惜了。

再加一句「自我揭露」來補充內容吧。

「我都在家看影片，再加上我很宅，放假大部分時間都在家裡度過，媽媽也有點疏遠我。」

「我覺得會做料理比較好呀。兩個月前我開始一個人住，但下廚次數一直停在０次的紀錄。」

說到這種程度，就很明確有把「我想和大家聊天」的態度傳達出去，而且比起一問一答，對話更容易延續下去。

面對初次見面的人，會提出的問題大致上都有固定的模式。

如果你知道自己即將加入一個新的團體，請提前想好和個人簡歷有關的題材與故事。

先親近能讓你放下戒心的成員

- 4個人都是初次見面

● 4 個人都是學生時期關係要好的同班同學

哪個選項能讓你更輕鬆參與對話呢？想都不用想，肯定是後者。因為你已經和每個人都建立好關係了。

換句話說，**多人聊天就是一對一關係的集合體**。

親近的成員比例越高，參與對話就越容易。

因此，作為新成員加入職場或社團這些需要建立長期關係的團體時，盡快找到能讓你放下戒心的成員是很重要的。

為此，不只是要在多人聊天時加深友誼，還要嘗試把握機會和「似乎合得來」的成員進行一對一的對話。

因為一對一聊天時注視著自己的目光較少，你可以更容易說出內心想法，進行更深入的自我揭露。

當你的親近成員一個一個增加，大家一起聊天時就能毫無顧忌地暢所欲言。

結語

總有一天，與他人聊天會成為值得期待的事情

感謝各位讀者閱讀到最後。

「要怎麼做，才能在多人聊天的場合也開開心心地參與對話呢……」

這本書有成功解決大家心中的鬱悶嗎？

我和大家分享了許多技巧訣竅，可能有些內容在你的腦海裡還沒有完全理清，但請記住，重點始終都是「讓大家開開心心地聊天！」的精神。

與其主動說話來突顯自己的存在感，不如試著讓在場的所有人都能自在地聊天。這麼一來，你很快就會發現，加入小圈圈並沒有你想像中的那麼困難。

俗話說「好心有好報」，而在多人對話也正是一種「好心有好報」的體現。

為周圍的人著想並採取行動，最後會為你帶來好的結果。

- 相較於硬逼自己「得說些什麼才行」的時期，說話的頻率反而增加了。

- 可以感受到「我待在這裡也沒關係」，疏離感消失了。

- 被邀請去吃飯和玩樂的機會增加了。

這些都是實際發生在我身上的變化。

我相信同樣的未來也在等著你。

隨著通訊設備的發展，在這個時代與人面對面交談的機會越來越少。也許有些人覺得麻煩的人際關係減少了，反而變輕鬆了。但人與人之間是不可能完全零互動的。而且真正可以療癒人心的不是「東西」，而是「人」。

透過學習愉快對話的方法，你將體驗到比現在更加充實的生活。以前覺得超級麻煩的媽咪聚會或職場的酒聚，反而會開始令人有些期待。

希望本書能成為那個契機。

MIYATA SATOSHI

內向者的好人緣聊天術

複數人での会話がラクになる話し方

作　　者　MIYATA SATOSHI
譯　　者　林以庭
主　　編　林玟萱

總 編 輯　李映慧
執 行 長　陳旭華（steve@bookrep.com.tw）

出　　版　大牌出版／遠足文化事業股份有限公司
發　　行　遠足文化事業股份有限公司（讀書共和國出版集團）
地　　址　23141新北市新店區民權路108-2號9樓
電　　話　+886-2-2218-1417
郵撥帳號　19504465遠足文化事業股份有限公司

封面設計　張天薪
排　　版　藍天圖物宣字社
印　　製　中原造像股份有限公司
法律顧問　華洋法律事務所　蘇文生律師

定　　價　390元
初　　版　2024年01月

Original Japanese title: FUKUSUNIN DENO KAIWA GA RAKUNINARU
Copyright © Satoshi Miyata 2022
Original Japanese edition published by Forest Publishing Co., Ltd.
Traditional Chinese translation rights arranged with Forest Publishing Co., Ltd.
through The English Agency (Japan) Ltd. and AMANN CO., LTD.

電子書EISBN
9786267378328（PDF）
9786267378311（EPUB）

國家圖書館出版品預行編目（CIP）資料

內向者的好人緣聊天術 /Miyata Satoshi 著；林以庭譯 . -- 初版 . -- 新北市：大牌出版，
遠足文化發行 , 2024.01
240 面；14.8×21 公分
譯自：複數人での会話がラクになる話し方

ISBN 978-626-7378-33-5（平裝）
1. 人際傳播 2. 溝通技巧

177.1　　　　　　　　　　　　　　　　　　　　　　　　　112020764